公益小学堂的 行与思

新思维下的技术教育实践

劳浩勋　高艳婷　凌星星 ◎ 著

东北师范大学出版社

长　春

图书在版编目（CIP）数据

公益小学堂的行与思：新思维下的技术教育实践 /
劳浩勋，高艳婷，凌星星著. — 长春：东北师范大学出
版社，2021.10

ISBN 978-7-5681-8495-3

Ⅰ.①公… Ⅱ.①劳… ②高… ③凌… Ⅲ.①计算机
课—教学研究—中小学 Ⅳ.①G633.672

中国版本图书馆CIP数据核字（2021）第211412号

□责任编辑：石　斌　　　　　□封面设计：言之凿
□责任校对：刘彦妮　张小娅　□责任印制：许　冰

东北师范大学出版社出版发行

长春净月经济开发区金宝街 118 号（邮政编码：130117）

电话：0431-84568023

网址：http：//www.nenup.com

北京言之凿文化发展有限公司设计部制版

北京政采印刷服务有限公司印装

北京市中关村科技园区通州园金桥科技产业基地环科中路 17 号（邮编：101102）

2022年4月第1版　　2022年4月第1次印刷

幅面尺寸：170mm×240mm　印张：20.5　字数：348千

定价：68.00元

目录

绪　　论

第一节 公益技术小学堂简介

公益技术小学堂成立于2018年10月，由广东STEAM教育联盟、广州市少年宫科技培训部、广州市劳浩勋名教师工作室、越秀区立体学区STEM联合发起，目的是希望学生通过公益课堂，体验不一样的学习过程，在轻松、多元的氛围下培养创新意识和创新能力。

公益技术小学堂是基于广州市少年宫小博士公益活动开展的，通过少年宫、豆丁科普匣公众号招募学员，以全公益的方式进行信息技术学习的普及，全年共开展了72场，累计参加人次超过2000人。每次活动结束后，我们马上在公众号上推出活动回顾，累计发送科普推文60余篇。小课堂涵盖的内容非常广泛，内容涉及人文、人工智能、小创客等。小课堂从与学生学习生活息息相关的情境入手，以丰富多彩的任务为内容，以信息技术为载体，使公益小课堂的学习更富有真实性、趣味性和亲切感。在课堂实践中，学生逐步感受、感知自己的兴趣，尝试把自己的所思所想用信息技术创造出来。

一、教育理念：乐合、乐思、乐学

公益技术小学堂以乐合、乐思、乐学为教育理念。

创造愉快的课堂环境，让学生乐于学会合作，包括学习项目的合作、自主学习的合作、探究的合作。

整合丰富的资源，让学生乐于学会思考。在项目工程研究创作过程中，学会如何解决问题。

营造轻松多元的课堂氛围，让学生乐于学习，根据各自的需要自主学习、快乐学习，与教师共同追求乐学课堂的品质，营造追求快乐与发展能力的公益技术小课堂。

二、教学主张：灵·创

公益技术小学堂以"灵·创"为教学主张。

主张中的"灵"指的是灵活多变的项目式合作学习方式，以及各种工程项目。教师因材施教引导，学生是主体，教师做主导。

主张中的"创"指的是不同的思维创作碰撞、不同的智慧创造、不同的学科融合创新、不同的技术整合创制，产生的五花八门的创新性作品。

三、挖掘内涵，任重道远

广州市少年宫、广东STEAM教育联盟、广州市劳浩勋名教师工作室、越秀区立体学区STEM联合创立的公益技术小学堂是我们实施技术教育理念的试验田。在这里，我们将为不同年龄段的学生提供体验技术学习，构思制作的创意的舞台，打造学生的科普公益实践基地。《公益小学堂的行与思——新思维下的技术教育实践》就是我们实践的总结与反思，或许还很稚嫩，但凝聚着我们的汗水和努力，富含营养，并滋润着上面生长的"小草""小树"，哺育着他们成长、开花、结果，让他们快乐生长、迈向成功。

第二节 基于新思维的技术教育的概念界定

我国中小学技术教育主要包括劳动技术、信息技术、通用技术三门学科，这三门学科开设的时间各不相同。

20世纪50年代，"教育与生产劳动相结合"写进了党的教育方针，并纳入国家宪法之中。初期，爱劳动被定为"五爱"国民公德之一，学校把学生参加生产劳动作为一项主课，组织学生下厂、下乡参加工农业生产劳动，有条件的学校还自己办校、办工厂和实验园地，有计划地组织学生参加生产劳动。20世纪80年代，学界展开了关于教育方针的大讨论与新时期教、劳结合的研究，在实践中加强了中小学劳动技术教育的课程化和规范化建设。教育部于1981年4月颁发的《关于〈全日制六年制重点中学教学计划试行草案〉的说明》指出："中学阶段开设劳动技术课，进行劳动技术教育，使学生既能动脑，又能动手，手脑并用，全面发展。"20世纪90年代，从素质教育的角度对劳动技术教育给予了肯定。在21世纪新一轮课改中，义务教育阶段的劳动技术教育不再作为单独的课程开设，而是归并到综合实践中，对劳动教育做了宽泛的解释。2018年9月10日，针对当前一些青少年中出现的"不爱劳动、不会劳动、不珍惜劳动成果"的现象，习近平总书记在全国教育大会上特别强调了劳动教育的重要性，强调要在学生中弘扬劳动精神，教育引导学生崇尚劳动、尊重劳动，懂得劳动最光荣、劳动最崇高、劳动最伟大、劳动最美丽的道理，长大后能够辛勤劳动、诚实劳动、创造性劳动；强调构建德智体美劳全面培养的教育体系，形成更高水平的人才培养体系，使我国社会主义教育的培养目标更为完整。这一重要讲话明确将劳动教育确定为全面发展教育的重要组成部分。教育部将出台中小学劳动教育的指导意见和劳动教育大纲，修订教育法，鼓励职业院校联合中小学开展劳动和职业启蒙教育，并纳入中小学相关课程和综合素质评价，因地制宜开展家务劳动、校园劳动、校外劳动和志愿服务等劳动，全面构建实施劳动教育的政策保障体系，开展劳动教育的考核、评估与督导。

1981年，教育部五所直属重点大学附属中学首次在高中阶段以选修课的方式开展计算机课程。几年间，全国有数千所中小学相继配备计算机，开设选修课，或开展课外活动、编写教材，探索教学方法。1999年，计算机教育更名为信息技术教育，信息技术教育的内容从计算机知识技能转变为信息获取、加工、管理、表达、交流等信息素养。教育部于2013年、2014年先后启动普通高中课程方案和各学科课程标准修订工作，信息技术教育内容由信息素养转变为信息意识、计算思维、数字化学习与创新、信息社会责任等四个信息技术学科核心要素。

2003年版普通高中课程标准中首次增加了通用技术学科。2004年起，全国部分地区开始开设通用技术学科。通用技术学科关注学生的技术素养，注重学生创造潜能的开发和实践能力的培养。在2017年版的普通高中课程标准中，通用技术学科教学目标强调培养学生的技术意识、工程思维、创新设计、图样表达、物化能力等五大核心素养。

回顾技术学科的发展历史可以看出，技术教育从无到有渐渐发展，从过去单纯知识技能学习过渡到思维、意识、知识、能力全面发展。在小学和初中阶段，劳动技术和信息技术同时开设；在高中阶段，信息技术和通用技术同时开设，几个技术学科分界明显，不同技术学科之间缺乏融合，小学、初中、高中技术学科之间也缺乏衔接。

新思维的技术教育"新"在打破学科界限，将劳动技术、信息技术、通用技术三门技术学科相融合，培养学生崇尚劳动的意识，提高学生的信息素养和技术素养；新思维的技术教育"新"在课堂，学校不再是开展技术教育的唯一阵地，开放的少年宫公益小学堂也是技术教育的重要阵地；新思维的技术教育"新"在教学，技术教育不再是讲练结合，项目式教学、任务分解、案例教学法等高效的教学法轮番上阵；新思维的技术教育"新"在学生，由固定行政班到流动临时班，更加考验课堂的有效性；新思维的技术教育"新"在教学载体，四格漫画、融合中华传统文化的小学电脑绘画、App Inventor、电子小报、电脑机器人、智能桌面实验盒等热点、新潮的技术载体都是教学的内容，软件、硬件都可以信手拈来；新思维的技术教育"新"在打破学段隔阂，一套桌面实验盒可以从小学学到初中、高中，涵盖动画制作、交互媒体设计、创客设计、机器人设计、物联网设计等。

新思维的技术教育不变的是技术教育的初心，在开展技术教育的过程中，学生和教师都能得到发展，从而成长为更好的自己。启航吧，新思维下的技术教育！

第三节 公益技术小学堂活动剪影

踏入2020年，公益技术小学堂的教师们已经开展了一年半的"放飞科技梦 智慧创未来"系列公益活动。

我们衷心希望与同行一起走在大路上，享受科技公益教育，善待学生，享受生活，善待自己！我们追求诗意般的理想教育，在学生心中种下科技梦，亲手给学生的"金色希望梦"插上翅膀，做一名幸福的科技教育工作者！

一、基于STEM理念的智能桌面实验盒体验课

有没有一种魔法能将电脑里虚拟的动画游戏与现实生活相连，实现现实与虚拟的有趣互动，桌面实验盒避开枯燥繁琐的代码语法，结合信息技术和ScratchPi动画游戏，借助神奇的传感器，用现实中的声音、光线等环境因素控制电脑里虚拟的动画？

图0-3-1 孩子们在调试初成品

这次公益课程与以往的公益课程不同，它是成系列的，每位报名的学生每学期可以连上15节课，深入走进STEM的创意世界。孩子们一同打开创意之门，一起走进创意编程的世界，揭开虚拟与现实背后的神秘面纱，培养解决问题、设计推理、团队协作的能力，打造属于自己的小小世界。

（一）走进ScratchPi，玩转趣味编程

大家都喜欢玩游戏，那么你知道绚丽多彩的游戏背后是怎样的规则与布局吗？建构一个个神秘的游戏世界又需要怎样的创造力与想象力？在公益课堂里，广州市劳浩勋名教师工作室的教师化身"小小游戏设计师"，结合基于STEM理念的智能桌面盒，了解游戏背后的编程世界，用学到的编程知识设计出自己的专属小游戏。

欢乐打地鼠：打地鼠是一款既简单又充满乐趣的游戏，地鼠从不同的洞口出现，只要你能迅速地击昏它，便可以得到一定的分数。游戏虽简单，但是怎么用计算机做出来呢？让我们跟随教师一起解密电脑游戏制作过程，并使用程序编写加上声音。

图0-3-2　李毓嘉教师以猜谜引入技术学习

声音传感器，实现了用编程密语唤醒沙漠上的"魔法之锤"。

苹果大丰收：酸酸甜甜的苹果大家都爱吃，那你是否体验过摘苹果的乐趣？在教师的带领下，我们一起迎来"苹果大丰收"。别看在现实世界中摘苹果好像很简单的样子，要想在ScratchPi上实现这个行为可不容易呢！

太空之战：在浩瀚的宇宙中，一艘宇宙飞船正缓缓行驶着。突然，一大群蝙蝠向飞船的方向袭来。在危险来临之际，快跟教师一起加入"太空之战"，保护地球！

这就是喜欢在玩中学的广州市劳浩勋名教师工作室的课堂。理想的课堂应该是：既是玩耍，也是学习，用ScratchPi语言，结合基于STEM理念的智能桌面盒，写出每个人的专属游戏。趣味编程让学生的思维活跃了起来！

（二）创意无处不在，编程畅想未来

避开繁琐的代码语法也能做出精妙的创意编程，现实中的声音、光线可以控制电脑里的虚拟动画，虚拟的信息世界与周遭的现实生活时刻交织互动，你是否也想知道其中的无限奥秘？

图0-3-3　李英杰教师辅导学生编写程序

交互设计初体验：绚烂绽放的烟花动画、妙趣横生的猜拳游戏，在李英杰老师（荔湾区西关培正小学）的带领之下，我们走进编程交互设计的第一课。简单操作练习之后，李老师为大家介绍了新的硬件工具——传感器。借助这一装置，我们可以创作出更为丰富多彩的互动作品。打开程序，安装驱动，将传感器与电脑相连，准备工作已经就绪。设置接口，添加指令，随着手在光敏传感器上的移动遮挡，灯或点亮或熄灭。快来试试看还有什么新发现吧！

拯救小鱼——保护生态环境："海洋的深处有一只可恶的鲨鱼，它要把海底所有的小鱼都吃掉……"跟着陈诗静老师（越秀区桂花岗小学）的脚步，我

们一起走进海洋，拯救小鱼，保护生态环境。用ScratchPi还原海底的场景，画出拯救小鱼的"渔网"，舞台布置好之后，就可以开始编写角色的脚本了。那怎么把生活语言转换成计算机语言呢？同学们开动脑筋，认真思考。连接滑动变阻器，输入指令，进行脚本编写。一切准备好之后，通过操控滑杆，便可以调整渔网的上下移动，将鲨鱼收入网中，拯救小鱼成功！

图0-3-4　学生把写好的程序导入智能设备

怕光的老鼠："两撇小胡子，油嘴小牙齿，贼头又贼脑，夜里偷油吃。"聪明的同学们一下子就能猜出谜底是"老鼠"。大家知不知道为什么小老鼠只有晚上才会出来觅食呢？带着疑问，同学们和李毓嘉老师（教科院荔湾实验学校）一起，用ScratchPi模拟怕光的小老鼠。首先，连接硬件的设置，将光敏传感器与电脑相连。其次，进行脚本的编写。完成后，点击小绿旗试试效果！用手遮挡住光敏传感器，仔细观察舞台，当灯光昏暗的时候，小老鼠便会出来觅食，而将手移开，灯光亮的时候，小老鼠就灰溜溜地跑了。

通过学习，同学们认识并体验了传感器的使用，对ScratchPi编程也有了进一步了解，可以初步享受创造和实现的乐趣啦！

（三）创意编程大作战

我们的教师与同学们一起漫游编程世界，一起打开编程世界的大门，共同领略编程之美。

"嘛咪嘛咪吽……"伴随着一声神奇的咒语，我们和陈思兴老师（广州市越秀区云山小学）一起踏上了小魔法师的奇妙之旅。教师为大家展示的是神奇的"风之魔法"——念咒语时会产生强大气流，从而吹走前面的障碍物。回想之前学习过的内容，大家思考一下这个魔法主要用了什么传感器？怎样才能通过传感器来实现变魔法的效果？经过同学们的集思广益，很快得出了答案——声音传感器。连接硬件，输入指令，编写程序，轻轻对传感器说话，小船便"听话"地向前行驶。很快，大家都完成了"风之魔法"的学习。接下来，教师展示了"火之魔法"的使用方式，厘清思路，掌握好方法，话不多说，快开始施展魔法吧！

噪声检测仪——有趣的画笔指令，谢秀玲老师（番禺区市桥中心小学）提出噪音常常出现在我们的生活中，有些噪音我们可以忽略，但有些噪音我们却无法忍受。这节课，我们就跟谢老师一起学习和创作一个噪音检测仪。它可以根据不同时间声音的大小，在电脑屏幕上画出高低起伏的声音波形图，我们可以通过波形图了解每个时刻声音的大小。如何用画笔指令画出波形线？抬笔之瞬，落笔之间，借助重复指令，便能轻松完成画线操作。那么波形图如何检测声音？其实声音传感器检测的并不是我们所说的多少分贝，而是记录声音大小的模拟值。当噪音越大，波形就会越高，直到碰到右侧边缘程序才停止。学习了具体操作方法之后，让我们发挥想象力，搭建出自己的创意噪音检测仪吧！

你的理想是什么？科学家、教师、医生，还是警察？今天，贺丹老师（花都骏威小学）带领同学们一起走进小导演的理想梦。导演的工作是什么？选演员、定剧本、控制整个舞台（节目流程、灯光、背景），等等。这些工作转换成计算机编程语言又该如何表达？首先要添加合适的角色，并为其编写程序脚本，使其随着音乐的节奏而切换造型。同学们在教师的指导下，顺利敲定了"演员"和"剧本"。每个节目的结束都要通过适当的场景进行下个节目的候场，包括灯光控制和场景切换。这时候，舞台流程的控制则需要借助合适的工具——广播和RGB全彩灯。舞台布置完毕，表演即将开始，你准备好了吗？今天，同学们都是棒棒的小导演！

二、融合中华传统文化的漫画体验课

在"假如我有一支神笔"的电脑绘画小课堂上，以计算机画图软件为依托，小小的键盘和鼠标就是同学们手中的"神笔"，在电脑画布上任意涂鸦，画出头脑中的奇思妙想。

（一）创意宣传小达人

信息技术渗透在我们生活的方方面面。电脑绘画就是一个将计算机图像技术与美术创作完美结合的运用。"红灯停，绿灯行，交通规则要牢记！"怎么样才能让这句重要的宣传标语在画面里变得醒目起来呢？让我们一起跟随教师，运用画图软件来做点特别的小设计吧！

（二）诗词配画艺术家

"明月几时有？把酒问青天。"苏轼将自己对亲人的思念和美好祝愿通过诗词加以表达，让我们跟随教师一起走进《水调歌头·明月几时有》的情境，为诗配画。明月、诗人、宫阙……同学们移动鼠标，用曲线勾勒出一幅望月怀人的优美景象，生动形象地表达出了诗词的意蕴。

（三）故事再现小能手

《守株待兔》是我们耳熟能详的寓言故事，怎么用绘画的方式来讲故事呢？让我们一起用手中的"画笔"描绘不一样的故事吧。如何涂抹出自然的渐变色蓝天、怎样画出茂密的树林、小兔子的耳朵该怎么表现，同学们仔细听老师讲解电脑绘画过程中的小小技巧，用鼠标尽显无限创意，童心绘出多彩梦想。让我们化身"神笔马良"，打造自己的精彩世界。

（四）我以鼠标绘世界

在电脑绘画课堂中，小艺术家们依托电脑画图软件，以鼠标为"笔"，运用软件中形状、曲线、拉伸等功能，轻轻松松地将脑海中的奇思妙想勾勒出来。

（五）我给寓言故事添色彩

大家都听说过《狐假虎威》的故事吧，狡猾的狐狸是怎样骗过凶猛的老虎的呢？同学们跟随老师的讲解，一步步地通过四格漫画将故事呈现出来了。

（六）我为国庆送祝福

祖国的71岁生日马上就要到了，要给我们伟大的祖国送一份什么样的生日礼物呢？同学们利用曲线，画出蓝天白云、青山绿树、气球、烟花……绘出了节日的喜庆氛围。

（七）我替古人穿衣戴帽

唐、宋、元、明、清，不同的历史时期有不同的风俗习惯和服饰文化，该如何给古人描眉画眼、穿衣戴帽呢？通过对图像进行拉伸和扭曲，同学们轻而易举地给古人搭配出了完美的服饰。

让我们一起走进漫画小课堂，创作属于自己的独特画作吧！

图0-3-5　学生正在为古人穿衣戴帽

三、结语

"创意+人文"技术的学习之旅仍在继续，还有更多的奇妙之处等待教师与学生一起挖掘，公益技术小学堂的成员们将怀抱热情与动力，继续与学生一起创意无限。

第一章

1

基于新思维的技术教育之思

第一节　基于人本管理视角的技术教师的
角色定位与发展路径

——以小学信息技术教师为例

一、研究背景

（一）社会需求

当今世界正处在大发展与大调整之中，新一轮科技与工业革命正在快速积聚新的增长动能。中国开启了全面建设社会主义现代化国家的新征程，百年大计以教育为本，而教育大计又以教师为本。为深入贯彻习近平新时代中国特色社会主义思想和党的十九大精神，我们要落实立德树人的根本任务。只有打造一支党和人民满意的高素质、专业化、创新型信息技术教师队伍，才能培养具备良好的信息素养以及适应智能时代发展新要求的德、智、体、美、劳全面发展的社会主义建设者和接班人。对照新方位、新征程、新使命，现时的信息技术教师队伍未能适应时代需要的挑战，需要进一步增强思想政治素养和师德师风，提高专业化水平。

（二）育人需求

为贯彻全国教育大会精神，根据《中共中央　国务院关于全面深化新时代教师队伍建设改革的意见》和《教师教育振兴行动计划（2018—2022年）》决策部署，良好的信息素养，特别是应用信息技术解决学习、生活中问题的能力成为未来人才必备的基本素质。2017年，广东省教育厅提出了建设教育强省、打造南方教育高地的奋斗目标，荔湾区据此提出"争先进，当标兵，建高地"的中心工作和促进教育公平、提高教育质量的总体部署，小学信息技术教师自身应遵循教育规律和教师成长规律，以教师专业标准为依据，以提高师德素养和业务能力为核心，区内要加强统筹规划和顶层设计，创新培养模式和载体，提高人才培训质量和实效，全面促进教师专业发展，为建设教育强区、实现教育现代化提供师资保障。

（三）学科实情

信息技术课程定位是一门旨在全面提升学生信息素养、帮助学生掌握信息技术基础知识与技能、增强信息意识、发展计算思维、提高数字化学习与创新能力、树立正确的信息社会价值观和责任感的基础课程[①]。小学信息技术教师应认识到，信息技术课程具有鲜明的时代特征，其课程内容应随着社会发展和科技的进步而进行快速更新。信息技术课程同时也是一门实践性、综合性很强的学科，广泛融入了诸多其他学科的内容。围绕《广东省中小学教师水平评价标准（试行）》《教育信息化2.0行动计划》《全国中小学教师信息技术应用能力提升工程2.0》和《普通高中信息技术课程标准（2017年版）》等文件的指示，参考《中国学生发展核心素养》等最新研究成果，笔者团队根据广州市（主要是越秀区）实情分析，认为要深入贯彻国家和省相关文件精神，区域内要以打造一支党和人民满意的高素质、专业化、创新型信息技术教师队伍为目标，结合学科特色和广东省实际情况，引领教师专业发展。小学信息技术学科教师要主动适应社会信息化、智能化的升级转型，主动结合区位实情，积极有效地开展教育教学工作，不仅要关注技术的迭代发展，更要关注学生创新精神和实践能力的培养。

二、角色定位

（一）概念界定

小学是学生接受初等正规教育的学校，是基础教育的重要组成部分。老师，又叫作教师、师长、导师等，是一种职业，古已有之，是传授学生知识的人员，信息技术是其中的一种教育类型。信息技术教育的内涵由信息技术课程和信息技术与其他学科的整合组成，不是单纯的技术教育，也不是以信息技术研究和开发为目标的教育。小学信息技术教师应成为以教育学生信息技术知识

---

① 中华人民共和国教育部.普通高中信息技术课程标准［S］.北京：人民教育出版社，2017.

为职责的专业工作者，正确认识信息技术教育是素质教育的重要组成部分，要培养学生的创新精神和实践能力，促进学生的发展。

（二）教师自画像

1. 工作范围

笔者团队访谈了12位小学信息技术教师，他们在校内的一般角色是信息技术教师兼主科教师、教辅人员（网管、电教）、辅导员（大队、科技）、行政工作人员（后勤、宣传）。工作范围主要包括：

（1）信息技术教育教学。包括信息技术学科教学、人工智能教学、学科科研、第二课堂（信息技术活动等）、社团（电脑制作、创客等）、学生竞赛（创客、STEM、信息技术项目等）等。

（2）其他工作。

① 排名第一的是教辅工作，集中在电教、网管，可以细分为电教设备维护与管理、网络设备维护与管理、校园网络维护与安全、软件系统的管理与培训、学校活动的技术支持、场室的电教建设、电教设备使用安全与培训等。

② 排名第二的是学校信息化工作，大致包括信息技术在学科中的应用支持、协助师生参加信息化竞赛、拍摄录像、剪辑刻录、学校信息化评估、学校电子屏、微信公众号、学校网站、宣传汇报PPT、信息化培训、学校信息化规划及建设等。

③ 排名第三的是兼科工作，主要集中在数学、科学，还有就是英语、综合实践、道德与法治、创客课、模拟飞行课、语文等。

④ 排名第四的是统计工作（系统管理员），一是数据分析，如教育事业统计、学业成绩；二是教育部门日常使用系统，如学籍系统、继续教育系统、人事业务系统、职称系统、信息化资产系统、教师管理系统；三是专项工作平台，如安全教育平台、体质数据平台、小升中与小招平台、越秀区资源（微课）平台、党员信息平台、青少年普法网、粤教翔云数字教材、青骄禁毒系统、卫生日报平台、微信公众号与健康码、特殊教育学生信息平台；四是学校自用系统，如校内OA、学校安防系统、电子屏控制系统等。

⑤ 排名第五的是行政工作。根据统计，担任后勤总务工作的信息技术教师占54%，还兼任教导、教务、德育、人事、工会主席、大队辅导员等工作。

⑥ 其他工作，如副班主任、科技辅导员、协助各类师生活动与比赛、协助

或主持学校专项培训、直播支持、校内各类评选颁奖、学校办学水平评估、档案资料、图书管理、校务监督等。

2. 教师心声

在访谈中，小学信息技术教师的共同愿望是做一名专职信息技术教师，喜欢的工作比较一致的是信息技术学科教学、人工智能与创客教学、信息化师生竞赛，不喜欢的工作比较一致的是所有与本学科无关的杂活，尤其是档案资料与系统管理。他们在回答中还表达了自己的工作态度：在身体健康并时间许可的情况下，对工作不掺杂感情色彩，但最大的问题是"我们努力了，却没有成就感！我们不想混日子，内心的追求以及价值取向不允许自己这么做！我们不想担任行政岗位，虽然我们适合干，但我们是专业技术人员！我们不想做主科教师，虽然成就感明显更高，但这不是我们想要的专业！"

3. 理想样态

（1）专注教学。主体工作应该是信息技术教育教学，信息技术课堂是主阵地，还有信息技术社团（兴趣小组）辅导工作、信息技术竞赛辅导工作，旨在让学生学有所得，致力于提升学生信息素养与提高信息技术运用能力。

（2）育人成才。让学生感受信息技术的魅力，喜欢信息技术课程，引导学生在生活中利用信息技术为自己的学习和生活服务，改善自己的生活与学习。此外，授人以鱼不如授人以渔，注重全体学生能力培养以及特长培优。

（3）能力提升。现在的科技发展日新月异，正处在高速发展的阶段。在信息技术教学中，除提升课堂教学水平与熟悉常规的操作实验外，还应该普及必要的科技前沿知识，钻研新技术、新媒体的使用。

（4）健康心态。既来之，则安之。除了做好教学、竞赛外，信息技术教师可以接受的工作包括培训、服务；参与学校的信息化发展规划及建设，协助学校信息化设施设备与学校相关平台管理，提升办学品质；辅助开展各类信息化应用，通过培训，提升教师的信息技术能力，提高教师的工作效率。

（三）学生期待的角色

（1）根据问卷调查结果，学生喜欢的信息技术学习内容包括：画图、编程、人工智能、打字、排版设计、汇报展示、数据计算等，基本囊括了小学信息技术教材的全部内容。具体分类如下：

一是喜欢实用性强的、能够为生活带来便利的信息技术技能，如App Inventor

等需使用手机和平板的学习活动。

二是喜欢能炫耀的，希望教师能指导创作酷炫、能得到同龄人羡慕的作品，最好可以提供外出参与竞赛、展示的平台。

三是喜欢动手实操，尝试新技术。例如，男生喜欢制作游戏、人工智能与创客作品，了解病毒的制作与杀毒的原理，女生则喜欢制作动漫作品。

（2）7所小学14个班共84位五年级、六年级学生的访谈结果显示，学生喜欢的小学信息技术教师应该具备以下特征：

一是具有扎实学识，信息素养高，电脑技术一流，能给出具体、专业的指导。

二是具备较强的教学能力，以及熟练的软件操作技能，认真、有计划、有准备地上好每一节信息技术课，构建轻松、有趣的课堂氛围，兼顾差异，关注每个学生的成长，让学生在课堂上学有所得。

三是有一种或以上信息技术专长（创客、人工智能、STEM、网页、排版、动画等），有丰富的课外知识，能带学生参加各类信息技术活动与比赛，能让学生在学以致用中提升能力，感到学习的知识对生活有帮助。

四是能让学生从心里崇拜的人，具有风趣幽默的、有活力的、有内涵的特征，跟得上学生潮流，玩得转抖音快手。此外，学生还希望小学信息技术教师有较强的亲和力，以及良好的团队协作能力和沟通能力，能给予学生充分的探索权利，能解决学生学习中的所有问题。

三、发展路径

"十二五"期间，尽管越秀区小学信息技术教师取得了长足的进步，但是总体来说，并未能适应广州市经济的快速发展。一方面，随着人们生活水平的提高，人们对公平而有质量的教育需求更加迫切。然而越秀区教育内部差异明显，尤其是西片与东片之间、重点学校与薄弱学校之间、名教师与普通教师之间落差较大，难以快速全面提高教育的整体发展水平。另一方面，随着信息技术产业的高速发展，特别是当前以大数据、云计算和人工智能为代表的新一代信息技术日新月异，社会对高端信息技术人才的需求更加迫切。

（一）确定发展方向

在调研中，笔者抽取了省一级、市一级、区一级学校共13位小学信息技术专任教师进行座谈，参与教师一致认为：

（1）需要的素养：好教育需要具备好的信息技术素养、创新素养与综合素质。我们需要有前瞻性，要让学生掌握信息技术学科的核心素养，我们自身也要具备更高的信息知识、计算思维、数字化学习与创新、信息社会责任。我们要拓宽自己的国际视野，及时了解社会，关注新生事物，特别是与学科相关的科技咨询。

（2）需要的能力：新时代的小学信息技术教师首先需要具备的是信息技术学科教学能力与教学设计能力，还有信息技术运用能力与学科融合能力、终身学习能力、信息技术知识与教学内容相关技能、语言表达能力、科研能力。此外，信息技术教师需要紧跟时代步伐，更新自己的技术储备，如新的办公与视音图处理软件、学生会用到的软件、各类新平台等。

（3）需要改变的观念：相当一部分小学信息技术教师把所任教的信息技术学科定位为一门纯技术性的学科。

（4）需要的证书：一是教师技能方面的证书，如信息技术教育方面的相关认证等；二是学科专业技能的证书，如新时代需要的新技术证书、计算机等级证书、信息技术软件工程师等；三是业绩认可的证书，如个人获奖证书、个人荣誉称号、出版书籍、发表论文、刊登教育教学类文章等。

（二）提供政策支持

1. 编制问题

《关于贯彻执行广东省中小学教职员编制标准实施办法等有关问题的意见》（穗编办〔2008〕113号）与《关于印发广东省中小学教职员编制标准实施办法的通知》（粤机编办〔2008〕73号）虽然明确了学校总编制数的计算方式，但没有明确各学科教师编制数的计算方式，按现时流行的课时量计算，学校信息技术教师数量严重不足，1800人以内学校一般只有信息技术教师1～2人，1800～3000人学校有信息技术教师2～3人，3000人以上学校信息技术教师也极少会超过4人。此外，城区小学核编是1∶19.5，远远不及初中的1∶13.5，以及高中的1∶12.5，导致小学设岗时，基本只保留报账员、校医，由于信息技术教师的技术属性，网管、电教、统计员、管理员、教务、文印、档案等工作会很自然地安排给信息技术教师兼任。

基于以上分析，建议探索制定按信息技术教师工作量的核编方法，有效改善信息技术教师因编制或岗位问题造成的不合理工作量或工作安排问题，避免过早地出现职业倦怠，甚至流失的情况。

2. 职称问题

众所周知，信息技术教师承担着小学各种繁杂的管理或业务工作，鲜有担任班主任工作，课时量也会适当减少。根据《广州市中小学资格推荐评审量化必备条件指标》的要求，虽然信息技术教师承担行政工作，但不是中层干部（达标为6节），在申报职称时，往往会出现个别年度课时不达标（专任教师要求14节）的问题。信息技术教师可凭学校证明，减免班主任工作年限要求。《广州市中小学任职资格推荐评审评价指标》显示，任现职以来，所带班级获得校级以上表彰奖励超2次，或个人获得与德育（班主任）工作相关的县级以上荣誉称号是占10分的，而信息技术教师少有能取得这个10分的。

基于以上分析，信息技术教师的岗位设置与专业属性决定其需要承担教学、行政、教辅乃至工勤等诸多工作，建议探索制定按小学信息技术教师实情创新职称晋升评价方式，考虑按占比纳入信息化工作，客观公正认可信息技术教师的贡献，有效解决小学信息技术教师这一新兴学科职称难评的现状。

3. 区管校聘问题

（1）盘活空余岗位，保证小规模学校、承担市级以上信息化实验项目学校的专职信息技术教师数量，确保提升区内学校信息化办学水平。

（2）在轮岗交流工作中，由于大多数学校的信息技术教师只有1人，学校信息化、系统管理、数据统计等工作多年来依赖同一人，造成交流不方便。因此，主管部门要与学校做好协调过渡工作，选拔信息技术骨干教师进行交流，为信息技术骨干教师提供发展的平台。

（3）在跨校竞聘工作中，以小学主科与中学考试科目为主，兼顾落实信息技术等各小学科至少都配有1名或以上的中级或副高级指标。小学科人数少，学校职称竞聘方案中常会忽略，评分排位时多处于劣势，这项措施有利于解决小学科教师晋升需求。

4. 定位问题

（1）现时，信息技术学科没有小学学段的国家课程标准，各地要么根据《中小学综合实践活动课程指导纲要》自行制定，要么向上衔接《普通高中信息技术课程标准（2017年版）》，亟需国家及省教研部门及早制定课程标准，明确信息技术学科在小学教育中的定位。

（2）在公招中，大多数小学都会明确招聘的是信息技术专任教师，也有少数小学会明确兼任数学等学科教学或电教网管等教辅工作。在实际工作中，多所学校的信息技术教师实际是"四肩挑"：管理人员+跨学科教师+教辅+工勤，但"万金油"这一角色没有得到教育行政部门的正式认可，亟需各级教育主管部门明确信息技术教师的角色定位。

5. 培训问题

当前，小学信息技术教师的培训缺乏统一规划，培训内容并不能紧跟人才培养需求和教育科技进步的变化。例如，广东省百千万等高端培训项目是没有小学信息技术学科的。越秀区制订课程指南要充分考虑本区教育的发展目标和实际困难，强调积极推进分层分类的信息技术学科教师全员培训工作，助力教师专业发展。越秀区在建设培训课程过程中，要充分利用本区域小学信息技术各教师团队优势，着重破解三个问题：一是教师的专业知识结构与社会需求脱节；二是学生学习资源与内容相对陈旧，知识传递方式未能充分调动学生的学习主动性；三是课堂学习难以有效促进学生核心素养长足发展。

（三）营造发展环境

1. 社会样态

（1）学科价值。

在社会中，有相当一部分声音认为，信息技术的学习最好由初中或职中起步，但时代在进步，科技在进步，现阶段最激烈的国际竞争就是信息产业的竞争，人才的培养不是一蹴而就的，只有从小培养信息素养、信息兴趣，才能培养出适应未来社会需要的人才。

参与调研的教师提出以下三个主要观点：

一是目前信息技术课所教授的知识在小升初方面的价值不明显，社会各界没有对其给予应有的重视，小学信息技术教师的工作亟需得到社会认可。此外，创客、人工智能、STEM等活动内容在常规的信息技术课堂是没有涉及的。学生参加信息科技类活动是需要有一定基础的，教师可以为参与活动的学生给予技术与培训支持，但要做到普及众多学生，建议社会提供多元化的信息技术公益培训活动。

二是随着时代的发展以及科技的进步，信息技术已经与我们的生活密不可分，学生应学好信息技术，提升新时代人才需要的关键能力。在注重学科知识基础积累和培育学习兴趣的小学阶段，小学信息技术应该着重培养解决问题能力与创新思维能力，这两种难以通过量化来体现的能力是非常有价值的。

三是小学信息技术学科的价值应体现在提升信息思维，而不是熟练具体操作，但计算机的基本操作是一定要掌握的，应每年修改教学内容以适应新时代、新技术，对学生日后升学规划和就业指导有一定的帮助。比如，对于喜欢编程且有能力的学生来说，在编程课启蒙后，他会在课余时间或社团活动中深入钻研，在初中甚至小学六年级就能够达到一个不错的水平，为日后个人的特长或专业发展奠定基础。

（2）视力问题。

现时，社会有相当一部分专家学者把小学生近视率攀升的"锅"甩给学校，尤其是信息技术课。根据调研与查阅资料，一周一节信息课对视力影响极微，在信息技术课中使用电脑、平板或者手机并不是影响学生视力水平的关键因素。这里科普学生视力下降的真正原因：电子产品并非元凶，长时间看书、写字一样容易近视，学生视力水平的下降是运动、营养以及用眼习惯等多方面因素共同作用的结果。

大家在座谈中达成共识，建议共同营造有利于学生视力的社会环境：一是在信息化时代和大数据时代，学生乃至成人都不可避免地会接触电子产品，这时家校可以共同设计有利于保护学生视力的信息化设备使用方案；提倡家长在家里、教师在校内、民众在公共场合为学生做出使用电子化产品的表率；信息技术教师利用课堂引导学生正确使用电子产品，养成规范使用电子产品的良好习惯。二是提供阳光活动平台，教会学生用眼卫生常识，指导坐姿，并通过家校合作的方式共同监督落实。

2. 学生生态

2020年5月，越秀区、天河区、荔湾区、花都区、番禺区5个区16位教师以线上交流的形式，共同描绘出了自己心目中的学生画像。

（1）尊重教师，认真听课。对信息技术课充满期待，在信息技术的学习过程中处于比较活跃的状态，学习参与度高，有勤思的学习习惯，逐渐形成自己的想法，勇于表达自己的观点，勇于探索问题的根源，喜欢探求多种解决问题的途径，每节课都有所得。

（2）学生与教师成为朋友，平等融洽相处，像朋友般相互信任、相互关怀、相互保护、共同成长、共同发展。学生与教师共建民主关系，相互分享信息技术学习心得，共同探讨信息技术问题，重视自己的行为习惯养成，对教师有包容的态度，适时给予教师合适的建议和帮助。

3. 家长生态

（1）家长要正确理解信息技术的学科价值，重视孩子信息素养的培养与技术能力的发展，支持孩子学习信息技术，在家里为孩子准备必要的上机条件与时间。

（2）给予信息技术教师尊重、包容和谅解，同时配合教师的教育工作。例如，需要用到器材的信息科技活动，家长可以为孩子采购活动器材，并陪同孩子参与活动。

4. 学校样态

（1）小学给予信息技术教师充足的精神支持，要认可信息技术教师的付出。在缺少教辅编制的情况下，业务总数常居各科首位的信息技术教师对现时的小学正常运作起着重要的作用。

（2）学校认可学生学习信息技术的价值，重视信息技术学科对于培养全面发展人才的作用，让教学成为信息技术教师的主流。在条件允许的情况下，可以减少信息技术教师的非信息化工作，可以提供资金支持各类师生科研、学习、活动、竞赛。

（3）学校能为信息技术教师提供平等的专业发展平台，一是从教师的培养角度，信息技术学科是迭代最快的学科，学校给予教师必要的培训机会，及时提升教师的技能与国际视野。此外，尝试安排信息技术教师担任班主任，培养其育人能力。二是从信息技术教师的专业发展角度，不进行非必要的岗位调换，不安排非必要的跨界业务，给予其平等的职称职务晋升机会。

5. 主管部门样态

（1）由教研部门牵头，探索形成如语、数、英等主科的完整教学生态，紧贴时代开展教学活动，真正为学生传道授业。

（2）由教育主管部门牵头，定期组织信息技术类的师生竞赛，提高奖项的认可程度，教师也需要通过自身的学习和努力，借助各类平台提升自己的专业水平。对具备信息技术特长的高中生给予自主招生或特长生的配额，让小学阶段在信息技术方面就有特长爱好的学生能向上衔接学习。

（3）由政府部门统筹采购，及时按需更换老旧的信息化设备，为信息技术学科提供人才培养必需的技术教学环境，扶持有基础的学校开展创客、人工智能等项目。

（4）由政府与教育部门协调，落实中央关于减少对学校不必要的检查、评估等工作，在办学水平评估中对学校信息化工作实效给予量化体现。

四、结语

在访谈中，笔者欣喜地发现，小学信息技术教师热爱本职岗位，并积极寻求改变，大家一起喊出了小学信息技术教师这一群体的声音："即使我们处于超负荷的工作状态，也会保持良好心态，做好本职工作；强化内在素质，树立新时代学科教师的专业形象，改变'打杂'现况，去除'打杂'标签。期望社会、政府尤其是教育主管与教研部门、家长与学生能认识到信息技术课程的重要性，信息素养对学生必备品格的形成具有重要作用，是培养适应未来人才的重要学科，一起打造信息技术教师专业发展的优质平台。"

第二节　在通用技术教学中渗透创新教育

　　培养创新人才已成为时下国家发展的急切需要，是21世纪科技发展的要求，是新课程改革的主旋律。通用技术课程贴近生活、贴近现实，课程呈现出"多样化的技术方法""多元化的技术产品""多样化的技术思维""多元化的技术实践"等内容，这些丰富的创新教育素材为通用技术教学渗透创新教育提供了良好的平台。

　　在教学中，教师如何利用通用技术学科良好的创新教育平台去渗透创新教育呢？实施的途径是怎样的呢？从创新教育的内容来看，包括创新精神和创新能力两方面，创新精神包括创新欲望、创新意志；创新能力包括创新思维、创新活动。创新精神是影响创新能力生成和发展的重要内在因素和主观条件，创新能力则是丰富创新精神最有利的理性支持。在通用技术教学中渗透创新教育应该从培养创新精神入手，以提高创新能力为核心，覆盖创新欲望、创新意志、创新思维、创新活动等四个方面。

一、多方示范，激发学生的创新欲望

　　欲望是人行为的内在动力。在通用技术教学中渗透创新教育，首先要激发学生的创新欲望。

　　（1）名人名事示范激发。名人名事的影响力无疑是巨大的。在通用技术课程中，有很多名人名事创新方面的素材，只要教师合理处理运用，就能激发学生的创新欲望。例如，在进行《技术的性质及其巨大作用》的教学时，笔者通过介绍大发明家爱迪生的故事来激发学生发明创造的欲望。

　　（2）教师示范激发。教师不仅是学生学知识的标兵，还应该是学生创新的表率。作为通用技术教师，要以身作则，做创新的主动实践者，在工作和生活中，要善于运用创新思维思考和解决问题，善于创新自制教具。教师可以将自身创新方面的素材加工处理作为教学资源使用，并借其激发学生的创新欲望。例如，在《三视图的画法》中，笔者展示了自己制作的三视图教具。通过教具，学生可以直观地看到空间物体主视图、左视图、俯视图的效果。当学生知道教具是教师自己制作的后，对教师制作的教具也产生了极大的兴趣。教具巧妙的结构、独特的多功能设计，以及将教材内容与教师的创新设计进行对比，从而体现出创新的巨大优势，让学生对创意活动充满了兴趣。

（3）学友示范激发。相比名人和教师，有时处于青春叛逆期的高中学生更容易接受同龄人的影响。平时通用技术教师应注意收集本校学生和外校学生创新方面的素材，将其加工处理用于教学，既可解决学科教学资源不足的问题，又可借其激发学生的挑战欲望和创新欲望。例如，在进行《探究结构》的教学时，笔者向学生展示了所在学校陈舒婷同学在"第四届广东省少年儿童发明奖"中获少儿创新奖的"自动复位跨栏"作品，通过将该作品与传统跨栏比较，学生很快就总结出"影响结构稳定性"的相关因素，并迫不及待地想向学姐挑战，进行自己的创意"结构设计"。

二、多管齐下，培养学生的创新能力

在激发了学生的创新欲望之后，如果没有进行适当的引导，学生体验不到创新的成功感，就会很快丧失创新的兴趣。教师要在教学中多渠道培养学生的创新能力，让学生体验创新的快乐。

（一）授之以渔，教授创新思维方法

创新思维是创新能力的基础，只有学生掌握了创新思维方法，才能更好地进行创新活动。《通用技术（必修1）》"优秀设计师的基础"这节内容里有专门的创新思维方法介绍，教师不仅要认真备好这节课的内容，认真讲授发散思维、联想思维、收敛思维、逆向思维等创新思维方法，而且要在其他内容教学时引导学生运用这些创新思维方法，让学生感受其实际价值，提升创新思维方法的学习效果。

（二）多提开放性问题，将创新思维培养渗透在每堂课中

封闭性的问题追求标准答案，在很大程度上扼杀了学生的创新能力。而开放性的问题能促使学生思想碰撞，培养学生的创新思维能力。技术方法、技术

思想等往往有很多种选择，这决定了通用技术学科很多问题的答案都不是唯一的。教师应充分把握课程的这一特点，在课堂上尽量多提开放性问题，激发学生的求异思维，将创新思维培养渗透在每堂课中。

（三）开展问题解决式作品制作，提供创新活动平台，培养全体学生的创新能力

虽然作品制作在通用技术教学中占有重要的地位，但过于开放的作品制作缺乏明确目标，会使大部分学生的思维缺乏方向，反而不利于大部分学生创新能力的培养。基于问题解决式作品制作源于现实的问题，有明确的目标，学生思维有了方向，创新的潜力能得到充分挖掘。

（四）开展主题式作品制作竞赛，提升创新难度，培养尖子生的创新能力

虽然问题解决式作品制作能让学生的思维有明确的方向，能培养全体学生的创新能力，但也限制了少数尖子生的创新思维。以创新竞赛为目的的主题式作品制作，只有主题，没有明确的问题，可以充分发挥学生的创新思维，很好地满足了少数尖子生的发展需要。例如，笔者利用活动课程等时间，组织少数尖子生参加"全国青少年科技创新大赛""全国中学生科技发明比赛""广东省青少年儿童发明大赛"等作品竞赛活动，为尖子生提供了更广阔的发展舞台。

（五）利用网络技术，开设创新论坛，搭建课后学生创新能力学习平台

通用技术课程密切联系我们的生活，学生的创新能力不仅应该体现在课堂上，而且应该体现在课堂外，融入学生的日常生活中。教师可以利用网络技术开设创新论坛，为学生提供课后创新学习交流的平台。

三、评价激励，强化学生的创新意志

对于学生而言，创新的过程并不总是快乐的，在遇到困难时，学生可能会产生畏难情绪，甚至放弃。作为教师，要善于发挥教学评价作为学生学习指向标的作用，善于灵活运用非正式、无记录的教学评价和正式的、有记录的教学评价两种手段对学生创新方面的学习表现进行评价激励，不断强化学生的创新意志。例如，对于课堂上回答问题的答案较特别的学生和课后师生交流中表达的一些想法较为特别的学生，教师会用非正式、无记录的教学评价手段——及时给予表扬和鼓励，必要的时候也会用正式的、有记录的教学评价手段——

记录下学生的表现用于对其进行过程性评价。对于学生在创新论坛上的表现，教师会用正式的、有记录的教学评价手段——统计学生发帖、回帖和帖子"加精""置顶"的次数，作为学生过程性评价的依据之一。在学生终结性作品评价中，教师会通过提高作品评分表中创新性所占的比例，以激励他们在作品中进行创新。

在通用技术教学中渗透创新教育并不是一时的赶时髦，而是一个持久永恒的话题。只要通用技术教师深刻挖掘学科中创新教育的素材，并通过多方示范，激发学生的创新欲望；通过多管齐下，培养学生的创新能力；通过评价激励，强化学生的创新意志等途径在教学中渗透全方位的创新教育，就能为学生未来的创新打下基础，为国家创新人才的培养做出贡献。

（撰写：凌星星，发表于《实验教学与仪器》2013年7／8期）

第三节　让生活走进通用技术教学

　　让生活走进通用技术教学就是指教师捕捉生活中的技术现象，在通用技术教学中联系生活中的问题，挖掘技术知识的生活内涵，适当做些变形处理，让技术设计更多地联系实际、贴近生活，从而达到生活材料技术化、技术教学生活化。在通用技术教学中，从生活实际出发，把教材内容与生活现实有机结合起来，特别是高中生的认知特点，从而增强学生学好技术的内驱力，激发起学习技术的浓厚兴趣。强化技术教学的生活性，注重实践第一，对于学生更好地认识技术、学好技术、培养能力、发展智力，促进整体素质发展，具有重要意义。使他们有更多的机会从周围熟悉的事物中学习技术、理解技术、运用技术，体会到技术就在我们身边，感受到技术的趣味，让生活问题走进技术课堂教学，笔者认为可以从以下几点来处理。

一、让学生在感悟生活中获取知识

（一）从技术史中挖掘教学素材，激发学生的学习兴趣

　　学习首先要激发兴趣。兴趣是最好的老师，只有有兴趣，才可能有学习的自觉性。技术史实记载了科学家的探索历程，它不仅揭示了知识本身，还渗透着科学思想、科学方法以及科学家勇于探索的人文精神，更蕴含着很多技术知识。在教学过程中，结合教材，适当地选插有关的生动史实，创设诱人的知识情境，可以很好地激发学生的热情。如在讲授"常用设计的方法种类"时，我们可以引入问题——现代军用头盔的设计来源是什么，从而向同学讲述典故：第一次世界大战中，德、法两军为争夺一处战略要地而展开浴血拼杀。德军向法军发动了超饱和的炮火轰击，法军的阵地瞬间被摧毁了。就在这灾难临头之际，有一个法军士兵正在厨房值班，忽见炮弹铺天盖地而来，惊慌失措的他竟

顺手绰起一口炒菜锅扣在头上，冒着纷飞的弹片冲了出去。战斗结束后，与他在同一阵地上的官兵在德军猛烈的炮火下无一幸免，唯独这个士兵因为有菜锅的保护，虽然身上多处负伤，却奇迹般地死里逃生了。亚德里安将军听了这位士兵的故事后，脑中灵光一闪，有了一个主意。第二年，法国军队全部增发了一种新装备，即给每个士兵的头上戴了一口"小铁锅"。从此，世界各国纷纷效仿，逐步演化成为今天的军用头盔。从史实中我们可与学生点明最早出现的设计为原创设计，之后的设计都为改进设计。这样在课堂教学中增加技术史的讲述可以使课堂氛围活跃、轻松，也可以提高学生兴趣，既能使学生比较愉快地集中于课堂教学，更可轻易地让学生理解知识要点。

（二）从实物、图片、视频等资料中挖掘教学素材，提高学生的学习激情

在技术教学中，我们应合理运用实物、图片、视频等有效的素材，并适当地进行讲解，引入相关的知识，让学生达到感观—理解—运用的过程，从而提高学生的学习激情。如在讲授《发现问题》这一课时，我们可通过展示物理中的单摆球与我们生活中的摆钟，让学生进行比较，从而引入伽利略发现单摆的典故来点出发现问题的途径与方法。又如，在讲授《技术的设计一般过程》时，通过让学生观看我国《奥运福娃的设计过程》的视频，让学生了解奥运福娃的设计过程：第一阶段——全球征集吉祥物；第二阶段——中外专家精心评选；第三阶段——大人娃娃齐努力修改；第四阶段——"中国福娃"赢得肯定—审订。从而归纳出设计的一般过程：发现问题—收集设计所需的信息、数据、资料—制订设计方案，决策优化，选定方案—优化设计—申请专利。在技术教学中巧妙地应用这些素材能激发学生浓厚的求知欲望，激起他们浓厚的探究欲望，使他们更加喜欢技术、了解技术，并且以极大的热情投入学习中来。

（三）从学生的作品中挖掘教学素材，激发学生强烈的参与意识

在技术设计的教学中，往往教师会积累到很多的学生作品，他们的设计五花八门，他们的创意形形色色，当中有很多的作品值得我们参考，这些都是我们教师在技术教学中不可多得的教学素材。若我们在课堂教学中合理利用这些生活中与学生贴近的素材来传授知识，往往可以使得课堂氛围活跃、轻松，也可以提高学生兴趣，使得学生能够比较愉快地集中于课堂教学，激发起学生在课堂上强烈的参与意识，调动他们的积极性，使其较好地融入课堂。例如，在讲授技术设计原则的内容时，我们可通过让学生在了解技术设计原则的基础上评价别人的作品，从而加强他们对设计原则的理解。例如，①评价一下你所观察研究的学生作品设计中的优点（如能体现设计的创新原则）；②评价一下你所观察研究的学生作品设计中的缺点（如违反设计的安全性原则）；③提出改进意见。类似以上的素材直接来自学生的生活，富有时代气息和挑战性，是课堂教学很好的素材。

（四）结合生产生活实际的技术，提高学生用技术思想来看待实际问题的能力

生活中到处有技术，到处存在着技术思想，关键是教师是否善于结合课堂教学内容去捕捉生活现象，采集生活技术实例，为课堂教学服务。在教学中联系生产生活实际，可以使学生对所学知识有一个更加现实的理解：这些知识到底可以用来干什么？在讲到了解流程时，我们可以通过增加一些学生生活中常接触或必须接触的事物进行讲解。例如，学生第二代居民身份证办理流程（普通）：①到所在区公安分局或其他指定人像采集点采集人像，并打印一份《第二代居民身份证数码照片合格回执》。②持派出所出具的《户籍证明》《第二代居民身份证数码照片合格回执》和户口簿，第一代居民身份证到所在区公安分局办理申办手续，并缴纳工本费20元。签发《居民身份证领取凭证》。③60天后，凭《居民身份证领取凭证》、户口簿、第一代居民身份证到原办证点领取第二代居民身份证。又如，在与学生分析制作作品的材料选定时，与学生讨论在我们公共场所里出现的凳子的材料：铁的、木的、塑料的、玻璃的、钢的，让学生通过讨论，了解不同材料的特点等知识，从而让学生知道如何制定作品的设计方案。这些素材都来自生活，也是学生非常感兴趣的东西。学生通过这些内容的增加，不仅仅可以很愉快地学习教材中的知识，还会了解到许许多多课外的知识，拓宽学生的知识面，以适应现代社会高速发展的需要。

二、开展科学探究活动，提高创新能力，培养学生的探究精神

开展科学探究活动是技术教学必不可少的一项活动。科学探究活动具有实践性、参与性和开放性，能够极大地调动学生学习的积极性，使他们在参与过程中产生浓厚的兴趣。对于技术科学探究活动，其选题可从学生的日常生活和已有经验出发，力求贴近生活、融入社会，使学生意识到技术知识与人类的生

活息息相关。例如，在学生中举办"鸡蛋撞地球"科技创新趣味赛，选手们采用教师统一提供的材料，自己设计制作"保护器"，保护鸡蛋从高空撞击地面时不会破裂：①根据需要选择材料，看看哪个小组用的材料又少又有效。②在实验的过程中，根据情况不断调整自己的设计。"保护鸡蛋"是一项富有挑战性及探究性的活动。通过活动，学生能体验选择合适材料的重要性及设计的一般过程，感受探究技术的乐趣，体会小组合作的智慧，逐渐养成大胆思考、小心验证的科学态度。这一活动能够提高学生的创新能力，培养学生的探究精神并形成自我评价和反思的能力，使其意识到将科学知识转化为技术设计能解决很多问题，意识到科学就在我们的生活中。

三、开展简单的课堂小实验，提高学生的动手能力

众所周知，技术教学离不开学生的动手实验。在技术课堂教学中，巧妙运用实验解释与日常生活息息相关的事物，能激发学生强烈的兴趣和求知欲，能给学生以强烈的感官刺激，增强学生大脑皮层的兴奋性。在技术实验教学中，创设问题情境更易唤起学生的探究欲望和探究兴趣。比如，我们在讲《结构与设计》时，为了让学生进一步掌握、理解、运用相关内容，我们在课程教学中可增加以下这个简单的小实验：塑料吸管结构承重擂台赛。方法是：①把学生们分成若干小组。②每组提供制作承重结构材料：8根吸管、55根牙签、透明胶带1卷，制作工具剪刀1把。③比赛规则：做一个高度不低于10厘米的"书架"（结构立柱），制作时间10分钟，吸管可以用剪刀剖开或剪断。制作完毕后，分组进行擂台赛——在承重结构上尽可能多地放上书本，放书本由小组学生自己完成［评分标准：哪一组结构上承重的书本最多为优胜（结构高度没有达到要求不能得分）］。技术教学联系生产生活实际的一条有效途径就是以生活中的小实验来代替或补充教材中的实验，这样可以极大地调动学生的参与意识，提高他们的学习热情，更可以促进教师的课堂教学效果。针对技术课程的特点及学校开展技术实验的困难，我们应该把握住技术实验不在于实验的难易，而在于技术实验的可行性、通用性及意义性。技术实验选取得好与坏可大大影响技术课程的教学。我们选取的实验应尽量做到既可以在课堂上完成，也可以作为家庭作业让学生在家里完成。例如，以上小实验我们可以用同样的材料，留给学生作为一个家庭作业，如结构设计制作：请用8根吸管、25根牙签和透明胶

制作一个斜塔，高度不得超过20厘米，测量塔尖到塔底中心的距离，看谁做的最长。

教育是生活的需要，其源于生活，又以生活为归宿。陶行知先生说："没有生活做中心的教育是死教育。没有生活做中心的学校是死学校。没有生活做中心的书本是死书本。"生活应走进通用技术教学。

（撰写：凌星星）

第四节　通用技术学科课堂学生活动低效的原因及对策

新课程提倡学生学习的主体地位，通用技术学科倡导"做中学"和"学中做"，课堂学生活动很好地体现了这些思想。课堂学生活动引起了广大一线通用技术学科教师的重视，在各级公开课中，生动活泼、形式多样的课堂学生活动都是一大看点和亮点。然而，通用技术学科课堂学生活动的效果却不大令人满意，有些课堂学生活动的内容太过简单，使活动失去了意义，学生成了课堂表演的道具；有些课堂学生活动的内容太难，学生的活动最终演变成了教师的活动，学生成了课堂学生活动的观众；有些课堂学生活动看似热闹，但跟教学内容和教学目标关系不大，纯粹是"为活动而活动"。凡此种种，形式化的课堂学生活动浪费了有限的教学时间，造成了教学低效或无效的结果。当前亟待研究和解决的问题是如何提高通用技术学科课堂学生活动的实效性。

一、通用技术学科课堂学生活动低效的原因

有研究根据课堂学生活动的构成，将其分为活动内容、活动方式、活动条件等方面进行分析，也有研究将课堂学生活动按时间先后分为活动设计、活动组织两方面进行分析，这些研究都发现了一些课堂学生活动低效的原因，但这些原因具有普遍性，对很多学科都适用，缺乏通用技术学科独有的原因。笔者试从参与课堂学生活动的相关客体去分析、去发现通用技术学科特有的原因。参与课堂学生活动的客体有教材、教师、学生、实验器材等，在这些客体中存在哪些原因导致通用技术学科课堂学生活动低效呢？

（一）通用技术学科教材——编写存在不足

通用技术学科是新课程改革新增设的学科，是我国教育界在广泛借鉴吸收

世界各国技术教育经验的基础上，经过多方思考和多年努力而推出的一门新课程，它凝聚了许多专家和学者的智慧。我国的通用技术课程自开设起就迅速成为世界技术教育的一大亮点。2009年，香港新高中课程改革增设的《设计与应用科技》选修课程在很多方面借鉴和参考了通用技术课程标准和教材。但是，作为一门新学科，通用技术教材内容的编写还有很多不完善的地方。例如，通用技术教材几乎每一章对应大学一门甚至两三门课程，教材内容被高度压缩，知识点量多、面广、跳跃性强，教材前后章节内容的知识只存在时间上的先后顺序，缺乏内在逻辑联系和系统性，这就使得通用技术每章的内容都成了学习上的"孤岛"，每一章的知识既没有前面章节的相关知识作为铺垫，又没有应用后面章节知识来呼应。虽然新课程理念倡导教学是"用教材"，而不是"教教材"，但通用技术学科除了教材之外，几乎没有其他现成的教学资源，教师对教材的依赖性很强。从课堂学生活动的角度来看，通用技术学科教材编写上的不足，使课堂学生活动的设计"先天贫血"，学生每堂课的学习几乎都要重新开始，课堂学生活动的效率自然低下。

（二）通用技术学科教师——专业能力存在不足

当前，我国师范大学还没开设通用技术教育专业，根据相关调查，现任通用技术学科教师多数由计算机、物理等其他学科教师中途转岗担任，相比其他学科，通用技术教师自身的专业能力严重不足。一方面，很多通用技术教师的学科教学能力不足，对通用技术学科的特点和教学方法知之甚少，不得要法；另一方面，很多通用技术教师的学科知识能力不足，技术知识、技术思想、技术方法、技术能力等技术素养过低，对教材所讲的知识尚未完全理解，更别说从较高的角度去把握和处理教材了。通用技术教师专业能力上的不足，使课堂学生活动的设计"后天缺氧"，课堂学生活动的效率自然低下。

（三）学生——原有技术素养严重不足

在我国大部分地区，初中阶段本应开设的《劳动技术》课程早已形同虚设，学生在高中之前都没有机会接触技术课程，技术方面的知识能力严重不足，许多学生连最起码的技术常识，如锯、锉刀等常用工具都不会使用，更别说技术思想、技术方法了。学生原有技术素养过低，使得通用技术学科的课堂学生活动"强人所难"，课堂学生活动的效率自然低下。

（四）实验器材——配置不足

由于通用技术课程本身还不完善，许多地方还未出台通用技术学科实验配备的标准，而已出台的实验配备标准往往过于简单，不能真正满足一线教师的教学需要。许多学校在通用技术学科方面的实验器材极为简陋和缺乏，这就使得技术实践类型的课堂学生活动开展"巧妇难为无米之炊"，缺乏相应的物质条件，课堂学生活动的效率自然低下。

上述四个方面客体看似具有各自不同的原因，究其根本，都是因为通用技术是一门新学科。因为是新学科，所以教材还不完善；因为是新学科，所以教师自身专业能力严重不足；因为是新学科，所以基础教育阶段课程还缺乏衔接，学生原有知识能力存在大量空白；因为是新学科，所以实验器材还未完善。通用技术课堂学生活动中的相关客体——教材、教师、学生、实验器材等存在不足，不仅是客观存在的，也是普遍存在的，是通用技术学科课堂学生活动低效较为普遍的原因。要解决通用技术课堂学生活动低效的问题，不仅要解决通用技术学科同其他学科在课堂学生活动设计、课堂学生活动组织等方面存在的问题，更应该先正视和解决通用技术学科特有的原因。

二、提高通用技术学科课堂学生活动效果的前提

从参与课堂学生活动的客体来看，占主导地位和主动地位的是教师，提高通用技术学科课堂学生活动效果的责任在教师。教师提高能力是提高通用技术学科课堂学生活动效果的前提。通用技术教师应积极发挥主观能动性，提高自身的专业能力，这样才能克服课堂学生活动中教材、学生、实验器材等其他客体存在的不足，才能提高课堂学生活动的效果。作为通用技术教师，一方面应积极参加各类教研活动，钻研教学方法，提升学科教学能力；另一方面，通用技术学科内容与大学诸多课程有关，如果通用技术教师就教材理解教材，可能自己的"一杯水"都没满，怎么可能给学生"一杯水"呢？在目前有组织的专业培训开展有限的情况下，通用技术教师要自学大学相关教材，努力创造条件进行技术实践，提升自己的技术素养。

例如，为了上好《怎样挑选材料》这节课，笔者不仅广泛收集了网络上该节课的教学设计，吸取同行经验，还从图书馆借来了大学相关书籍，认真阅读了《材料导论》《材料概论》两本教材，并利用大学精品课程相关网站辅助学

习。对于学习过程中仍存在的疑问，笔者还虚心向从事材料职业的高中同学请教。通过一系列"充电"活动，笔者能从较高的高度去理解教材，能够对教材的知识进行合理的加工处理，对于课堂学生活动的设计和组织信心十足。

三、提高通用技术学科课堂学生活动效果的对策

教师在提高自身专业能力的基础上，精心处理教材内容，针对不同的课堂学生活动类型，选取恰当的策略去设计、组织符合学生实际的课堂学生活动，是提高通用技术学科课堂学生活动效果的根本。笔者以三种常见的课堂学生活动——课堂学生笔头练习、课堂学生探究实验、课堂学生讨论为例进行了教学实践探索，并总结了相应的对策。

（一）课堂学生笔头练习活动——先精讲，后快练

通用技术学科技术理论的学习是必要的，相关的学生笔头练习也就有必要了。由于通用技术学科技术理论涉及的面广，课时紧张，对理论学习的要求不高。因此，过于繁琐的理论讲解是没必要的，对理论的讲解应该是精讲。精讲并不是简单地少讲，而是教师针对教材编写和学生原有技术知识存在的不足，在对教材精心加工处理的基础上少讲。一方面要突出理论知识的重点，加强理论的系统性；另一方面要瞄准学生的最近发展区。精讲之后配以相应的笔头练习，让学生马上就能学有所用，享受到知识运用的成功体验，同时又可以完成对理论知识的一次复习巩固，从而提高课堂学生笔头练习活动的效果。

例如《怎样挑选材料》一课，在讲解"材料的分类"时，教材里只是简单介绍了材料分类的几种方法，然后就天然材料、金属材料、化学材料、复合材料、新材料等类别分别举例。这样的编写非常不妥。一方面，前面的分类方法和后面具体几种类别的举例没有对应关系，衔接不起来；另一方面，后面几种类别是用不同的材料分类方法进行划分的，相互之间并不完全排斥，而是相互交叉的，把它们混在一起举例来讲很容易引起学生，甚至教师的混乱。笔者将教材中"材料的分类"知识进行了重组，对一些不常用的材料分类的方法一笔带过，重点讲解材料按化学成分分类的方法，并针对其分类的各类别补充实例。这样处理，一是突出了材料按化学成分分类这一重点知识；二是使材料分类方法和具体举例保持衔接，增强知识的系统性；三是可以与学生高中化学知识联系起来，既克服了教材编写的不足，又在一定程度上克服了学生原有知识

的不足，为学生的最近发展区找到了"已知区"的基础。这样处理后的理论讲解才是精讲。在理解精讲后，马上让学生运用所学理论进行相应的笔头练习：

将下表给出的一些常见材料（或产品），在其（或产品所用的材料）对应的材料类栏别打"√"。

表1-4-1　材料分类表

材料 按化学 成分分类	磨砂玻璃	钢化玻璃	有机玻璃	橡皮筋	橡皮擦	铝合金	秦始皇兵马俑
金属材料							
无机非金属材料							
高分子材料							
复合材料							

有了前面理论的学习，学生都能比较准确地完成该笔头练习，并加深了对"材料按化学成分分类"知识的理解和记忆。这样，课堂笔头练习活动的效果就提高了。

又如《系统分析的基本方法》一课，在讲解"系统分析的基本方法"时，教材里对"系统分析的基本方法"只是给出了很模糊的定义和很模糊的一般步骤，并没有给出明确的方法，笔者在理解系统分析的基本方法的定义和一般步骤的基础上，将"系统分析的基本方法"总结为：①明确系统的功能（系统的目的性）；②确定系统所处的外部环境（系统的环境适应性）；③划分组成系统的子系统和元素（系统的层次性）；④定量与定性分析，协调系统与外部环境的关系，以及系统组成部分之间的关系（系统的整体性和相关性）。这样处理，使"系统分析的基本方法"变得具体明确，学生有章可循，又使"系统分析的基本方法"能与前面学生所学的系统的目的性、环境适应性、整体性、层次性、相关性等系统基本特性联系起来，降低了学生学习的难度，构建起知识的网络。这样的理论精讲后，再配以对应的练习，学生马上就可以依葫芦画瓢，学以致用，进而巩固对理论的学习。

（二）课堂学生探究实验活动——前补知识，后埋线索

探究实验活动能为学生提供很好的技术实践机会，同时培养学生的创新意识和能力，十分符合通用技术课程标准的理念，受到了一线教师的重视。教材上提供的探究实验活动并不多，教师想自行设计探究实验活动又经常会抱怨实验器材不足，但更主要的原因是教师不会设计探究实验活动，不知道需要什么实验器材。作为通用技术教师，首先要认识到探究实验活动的目的是让学生加深对相关理论的理解和认识，并不是为了探究而探究，如果只是让学生放任自流地去做实验，活动的意义就不大。有效的探究实验活动需要教师对教材进行加工处理，克服学生原有技术素养不足的问题。在探究实验前，要给学生补充适当的理论知识；在探究实验中，要巧埋线索去引导学生进行探究，从而通过探究实验活动来帮助学生对理论进行学习。

例如《怎样挑选材料》一课，在讲解"材料的特性"时，教材只是介绍了几个零散的材料特性：塑性、弹性、耐腐蚀性以及其他特性等，如果教师在介绍完这几个零散的材料特性后就设计实验让学生探究材料的这几个特性，虽然学生的活动气氛可能热闹，但探究实验本身并没有对学生学习材料特性知识起到多大的帮助，学生对材料特性的了解还仅仅是知道了几个零散的具体的特性，理解深度上没有加深，知识网络也没有形成，学生很容易就会将其遗忘。为了提高探究实验活动的效果，笔者在探究前给学生补充了材料特性的定义、材料特性的分类，这样，学生学习"材料的特性"知识就形成了一定的网络。理论补充后，再让学生就两个力学（机械）开展如下探究实验活动。

根据以下表格，设计并完成实验，比较不同材料的性能。

表1-4-2 材料性能探究表

	探究1	探究2	探究3	探究4
被比较的性能	弹性：允许很大变形但是不被破坏的能力	拉伸强度：将材料在拉力机上施以静态拉力，使其破坏（断裂）时的单位面积力。公式为：$S_b=F_b/S$	透光性：材料透过光线的能力	导电性：材料传导电流的能力叫作导电性，可以用电阻率来表示
被比较的材料	普通玻璃VS有机玻璃	纸巾VS打印纸	普通玻璃VS磨砂玻璃	锡纸VS打印纸
参考器材	弹簧秤2把、钩码2个	弹簧秤2把、钩码2个	手电筒、凹透镜、凸透镜、蜡烛、火柴等	电池、灯泡、导线、电流表、电压表等
实验步骤				
实验结论				

该探究实验涉及的几种材料特性都是最常见的，学生在以往的生活中都已有感性认识。教师在探究实验里再给出相关材料特性通俗易懂的定义，并提供了参考器材，在这些线索的引导下，学生结合已有生活常识，经过思考和小组讨论，就可以排除干扰器材，自行设计实验来比较不同材料的这些特性，从而加深对材料特性知识的理解。

（三）课堂学生讨论活动——问题分解，化大为小

课堂学生讨论活动对于活跃课堂气氛、发挥学生学习的主动性具有重要的作用。但如果讨论的问题过大，就难免抽象，再加上学生原有技术素养本来就不足，学生对讨论的问题往往难以有话可说，也说不中正题，最后学生的讨论就演变成了教师的自问自答。教师可将讨论的问题分解为若干个小问题。一方面，小问题可以使问题更具体、更有针对性；另一方面，小问题也容易贴近学生已有的知识水平，学生容易分析，有话可说，也说得在理。问题分解，化大为小，提高了讨论的针对性，降低了问题讨论的难度，这样的讨论活动才有效。

例如《怎样挑选材料》一课中，在讲解"材料的选择"时，如果直接让学生讨论"怎么选择材料"，问题太大，学生原有的技术素养很难支撑这个问题进行实质性的讨论，于是笔者根据学生已有的知识水平，把这个问题分解为以下四个小问题进行讨论。

表1-4-3　日用品材料选择讨论

讨论1	老师小时候家用水桶多是用铁制成的，为什么现在大多采用塑料材料制成，而不采用铁、木材呢
讨论2	为什么以前商店、商贩提供的免费购物袋多是塑料制成的，而不是纸呢？为什么现在商店、商贩不再提供免费塑料购物袋，而是提倡自备环保购物袋
讨论3	为什么现在一次性水杯大多采用纸、塑料制成，而不用铁、玻璃、陶瓷呢
讨论4	为什么麦当劳的桌椅采用塑料、金属等材料制成，而广州老字号南信甜品店内的桌椅采用木、石等材料制成呢

这四个小问题很具体、明确，又都来自生活，涉及的材料知识学生都很熟悉，这样学生就容易分析和讨论了。把这四个小问题的讨论结果归纳起来，就可以得到"怎样选择材料"这个大问题的答案了。

又如在《设计的交流》一课中，在讲解"说明书的作用"时，如果让学生结合以往生活经验，讨论说明书有什么用处，课堂讨论的效果并不大好。一方面这个问题比较抽象；另一方面，学生没有养成良好的习惯，普遍不是很重视说明书，也没有看说明书的习惯，相关的生活经验并不多。这时，教师可以把这个问题分解为几个具体的小问题：①黄麻素被列为体育竞赛违禁药品，某年，北京国安足球队球员张帅意外因感冒服用含黄麻素的感冒药被查处而受到处罚。你觉得怎样可以避免这场意外？药品说明书有什么用？②某同学在家自做早餐，把鸡蛋放进微波炉加热产生了爆炸，自己也意外受伤。根据媒体报道，很多地方都发生过这样的意外，你觉得怎样才能避免这样的意外？电器说明书有什么用？③某同学购买了新的手机锂电池，有同学说前三次使用时，充电时间要大大长于标准充电时间，需要超过12小时，也有同学说前三次使用也只需要按标准充电时间充电就可以了，你觉得谁的说法对？电池说明书有什么用？将问题分解后，讨论的问题变得具体且有针对性了，这样学生就容易分析，讨论就更有效果了。

课程的生命力在于课堂，课程的发展在于教师。虽然通用技术学科课堂学生活动相关客体还存在诸多不足，但只要广大一线教师积极发挥自身的主动性，不断学习，提高自我能力，加大教材研究的力度，就一定可以克服各种不足，创造出精彩高效的课堂学生活动。

（撰写：凌星星）

第五节　数字素养下中小学生
信息技术课程研究

数字素养最早是在1997年提出的，对数字素养的概念进行了定义，促使人们具备了众多的数字技能，比如网络搜索、超文本阅读、数字信息的批判及整合等。在此基础上，学者们在其他领域进一步丰富并完善了数字素养，如社会文化、计算计、教学等。在现代化高速发展的今天，数字素养更加具有特殊意义，是一种跨时代的产物，在自然科学与社会学科领域均得到了广泛应用。随着互联网技术的普及，以及大数据的兴起，进一步实现现实与虚拟空间的融合发展成为大众生活中的一部分，推动信息技术飞速发展的同时，也促使社会环境迈进了全新的信息时代。在这种时代背景下，创新知识已经被列为国际竞争力的标准。为了能够顺应未来时代发展中对于数字化与竞争力的需求，针对中小学生进行数字素养的培养是势在必行的。

一、数字素养的发展现状

（一）国外数字素养的发展现状

由于一个国家的数字素养直接关系到其综合国力与国际地位，因此增强国民数字素养的培养是必不可少的兴国手段。越是世界强国，其新兴技术越是领先，这和数字素养教育有着密切关系。例如，美国在信息革命时期抓住了机遇，在信息技术领域中首先发展起来，并且迅速地成长起来，无论是在科技水平还是在综合国力上，其在国际上都是当仁不让的超级强国。在现阶段，美国的数字素养培养模式已经非常完善，形成了多元化数字素养培养体系，主要以政府机构服务、教育系统培养以及社会势力等体系为主。

（二）国内数字素养的发展现状

我国的数字素养教育起步较晚，相比于发达国家比较落后。然而当数字素养教育的机遇来临之时，我国国民数字素养的教育体制发展极为迅速。首先，我国借鉴了发达国家的丰富经验。在我国外部环境中，不少发达国家在数字素养教育中都具有十分丰富的经验，我国以发达国家的教育经验为范本，进行了数字素养培育的借鉴与学习；其次，在国内的数字素养培训得到了互联网产业的推动后，随着社会科技的不断进步，互联网技术不断得到普及与发展，互联网技术给数字素养教育带来了更加先进的培育模式，不断推动数字素养培育的蓬勃发展。在信息化高速发展的时代背景中，我国具备了较为完善的数字素养教育体制，使我国的数字素养培育得到不断的推进，在中小学当中开展信息技术课程的主要目的是实现中小学生数字素养的培育，并且以此来影响全社会的数字素养发展。

二、国内中小学生信息技术课程的相关教育政策

在我国，为了提高数字素养的教育水准，使中小学教师在运用信息技术进行教学与专业发展过程中能够有效地得到规范与指导，2014年6月，由教育部专门颁布了《中小学教师信息技术应用能力标准（试行）》这一准则，成为针对各地教师开展信息技术应用的基础依据，使教师们在应用信息技术方面得到了培养、培训以及测试等能力。这一准则对于教师的教育提出了新的标准，促进了教师教学能力的有效提升，同时在教师的专业发展方面也发挥着关键性作用，使教师们具备最基本的信息技术的应用能力，如启发、演示、讲述、指导与评价等信息技术的应用能力。这些信息技术的应用能力能够有效地使课堂教学得到优化，促使教学模式的转变，这是信息技术课程应用主要的发展性标准。这种信息技术课程主要是针对具备相应的网络环境或条件的学生而开展的，从而推进学生具备信息技术的应用能力，支持学生能够自主地展开主题性探究的才能。虽然现在的中小学生在信息技术的引用与操作方面的能力比较强，有些学生甚至超越了他们的老师，但是在课堂实践中，还是需要教师的引导来进行教学，以实现中小学生在数字素养教学方面的培育。

三、加强数字素养下中小学生信息技术课程的相关措施研究

（一）数字素养的发展要适于现阶段

现阶段，我国的数字素养还需要完善，不能局限在针对数字化工具的机械操作阶段上。我们应该将信息技术学科进行科学合理的应用，使信息技术能够更好地融合在各个领域的创新中，使其更好地为中小学生适应信息社会提供帮助，促使他们成为未来信息技术消费的主力军。同时，为了未来社会发展实现信息化，发展学生成为未来社会具有数字素养的新公民与信息社会的生产者，已经成为势在必行的任务。

（二）根据数字素养制作信息技术课程体系

为了能够使学生的数字素养教育得到加强，使他们的数字信息技术竞争力得到提升，通过信息技术课程的方式来培养是一种有力的手段。中小学生获取数字素养教育的主要渠道是信息技术课程，通过信息技术课程来获取信息技术的相关知识，提高学生各方面的能力，为将来在社会中工作、学习奠定坚实的基础。通过信息技术课程体系，使学生在遇到实际问题时能够利用本学科知识进行解决，促进学生在信息化社会背景下具有创新意识、批判思维，以及计算思维等能力。

（三）搭建信息技术与优秀人才的选拔桥梁

发达国家一般会将信息技术作为大学等级考试的选择性考试科目，例如美国的计算机AP课程考试，在美国考试机构中，该课程的考试成绩可以作为考入小学成绩的参考。其他国家也均会在高校选拔学生时，将信息技术考试成绩作为人才选拔的重要凭证，如英国、澳大利亚、德国等。在中小学生信息技术课程中对其学业水平的评价方式应该加以丰富，为了能够培养出未来信息技术专业人才以及复合型人才，也为了满足未来信息化社会的人才需要，必须要加强中小学生与高校之间信息技术教育的对接。为了能够更好地选拔出信息技术的专业人才，可以借鉴发达国家的制度，在中考与高考等入学考试科目中加入信息技术学科，这样不仅能够将中小学生信息技术与高校信息技术进行良好对接，同时也为高校人才的选拔开启了一道门，促进了国家复合型人才的培养。

（四）为信息技术的创新与实践提供良好的环境

因为良好的信息技术学习环境能够有效地帮助学生提高动手实验能力，所

以有必要建立一个信息技术实验室来保障良好的信息技术环境，并且通过实验室配置标准的制定有效地保障信息技术环境的建立、维护与更替。在中小学信息技术课程中，加强其实验室的管理措施是重要保障，建议条件较好的学校应该根据学生的兴趣与信息技术课程分类，建立如创客工作室、软件开发工作室等精致的实验室。

四、结语

综上所述，虽然我国在数字素养教育领域发展得很快，并且取得了一定的成绩，但是在发展的实践中，还存在着很多问题，相较发达国家还不平均、不完善。在整体上，我国数字素养教学并没有成熟的教育体系，对中小学生的数字素养课程并不够重视，往往大部分教学实施是在高校阶段开展的，而中小学生在相关方面并没有进行覆盖。随着互联网技术的普及与推广，信息技术课程的基础设施逐渐加强，有效地促进了中小学学生数字素养的培养。

（撰写：高艳婷）

第六节　小学信息技术学科的育人策略

《现代汉语词典》释义的育人目的是使教育对象能全方面地发展，使人成长为社会需要的身心健康的人才。《广东省义务教育信息技术课程纲要（试行）》与这一释义是一致的，它明确规定了课程体系育人的目标：义务教育信息技术课程是为了适应信息时代对人才培养提出的新要求而设置的、以综合实践活动的一个学习领域作为课程形态的必修课程，是学生迎接信息社会挑战与终身发展的基础，对培养学生正确的价值观、积极的人生态度、追求创新的精神、实践探究能力、提高应用能力、发展创新的能力具有重要作用。

一、利用信息技术课堂，实现育人目标

信息技术课堂是实现课程育人目标的主阵地。小学阶段信息技术课程以"玩中学"为主要特征，让学生在形式多样的活动中，以富有趣味性和挑战性的任务引导快乐学习，在此过程中实现课程育人目标。

（一）教学设计要体现育人的意识

学科教案既是教学，也是育人的蓝本。小学阶段要求学生逐步形成使用信息技术的感性经验和健康负责的良好习惯，培养学生对信息技术的学习兴趣，逐步学会使用信息技术支持日常学习和解决简单问题。在对教学内容进行分析时，要深刻理解教材编写时在育人方面的思想。在确定三维教学目标时，既重视K，也不忽略A与P。例如，在广州市小学信息技术教科书（以下简称广版教材）的《素材大搜罗》一课中，在资料的收集过程中，不仅要考虑传授学生获取网上信息的基本技能，还要考虑如何引导学生获取健康的、积极向上的网络信息，自觉抵制和排斥不健康的网络信息。

（二）教学组织要严谨、规范，努力创造育人环境

良好的课堂教学环境总能以"无声胜有声"的育人效果丰富和净化学生的灵魂。如在广版教材的《初识新朋友——信息技术与计算机》一课中，教师可以化身为道德修养的榜样，以己及人，引领学生养成良好的信息活动行为习惯，能够遵守与信息活动相关的法律法规与伦理道德规范，健康地、安全地、负责任地使用信息技术。良好的行为习惯可以使人终身受益，以达到潜移默化的作用。教师按照规范进行教学组织，规范学生行为，对学生提出相应的行为规范要求是必要的。例如，在广版教材的《文件与文件夹的保存》一课中，就通过掌握文件和文件夹的相关知识、组织结构和基本操作的教学，让学生养成了对文件分类管理的习惯。信息技术课堂教学的组织与普通文化课程不同，中高年级的教学大量在特定的网络环境下开展。例如，在广版教材的《魅力广州塔——综合活动》一课中，主题活动和开放性学习课题的探究能激发学生的学习兴趣，使其养成良好的信息技术使用习惯，并使学生在亲历信息处理的过程中学会交流与协作，共享信息，合理表述个人观点，恰当地引用他人观点，并乐于与人合作，与环境和谐相处，形成良好的信息意识。

（三）教学内容安排要渗透思想教育

信息技术是能与思想教育紧密结合的一门课程。广州、中山等地的小学信息技术教材都注意从一些学生喜闻乐见的主题活动和信息处理任务出发，提供生动形象的情境，以此来激发学生的兴趣和动机，培养学生利用信息技术进行学习和探讨的能力。同时，任务设计应避免停留在机械的信息复制和粘贴操作，以免学生形成经常性复制的不良习惯以及不求甚解的思维惰性。这样的教材有利于教师在组织教学内容时结合学生的特点渗透思想教育的内容。就信息的基本含义而言，在信息的传递和处理时都能有思想教育的内容可以渗透。例如，在制作PPT时，可以引导学生思考如何结合广府文化、艺术含量、教育意义等主题开展学习活动。

二、普及信息技术课外活动，提升育人价值

义务教育信息技术课程是以综合实践活动的一个学习领域作为课程形态的必修课程，以培养学生的信息素养、发展学生的信息技术能力为主要目标。现在，信息技术课外活动一般有依托学科教育竞赛活动、依托课外实践任务、依托学科

校本课程三大载体。

（一）依托学科教育竞赛活动

笔者学校所在的广州市主要开展的小学学科竞赛项目是电脑制作活动和计算机作品比赛，这两个竞赛紧密围绕当地信息技术教育的课程教学实践活动内容，运用电脑绘画、电子小报、电脑动画、网页等作品形式，展示了小学生在信息技术教育教学活动中的学习、实践和研究成果。

（1）调动学生的主观能动性。学科竞赛具有学生自主参与、依托兴趣、培养创新的特点，优良的竞赛平台可以结合信息技术课程教学内容，让学生在实践中创作作品、积累经验、追求创新。例如，依托电脑制作活动，搭建校际、班际活动平台，让全体学生都能参与其中。在近三年的实践中发现，这些竞赛能满足学生的兴趣爱好、创新欲和成就感的追求，超过70%的学生愿意在课余时间进行创作，能坚持到创作出成品的则超过40%。

（2）融合学科教学，体现综合育人价值。教育竞赛活动的开展更能体现信息技术课程的基础性与应用性，以项目的形式让学生充分发挥课程所培养的基本信息素养与信息技术能力。活动中更凸显了生活与应用的问题，包括整合各学科学习需要信息技术支撑的学习任务，强调在"用中学"、在"学中用"。在活动过程中，学生综合运用各学科知识技能，在不同内容和方法的相互交融和整合中开阔视野，积累应用经验，提高应用能力。例如，学生在进行电子小报创作时，必须要充分借助语文、科学、英语、音乐等人文学科的特点，领会内涵丰富的主题之立意、文化底蕴及意境，将竞赛自然地转化为跨学科主题教育教学活动，将相关学科的教育内容有机整合，从而提高自己综合分析问题、解决问题的能力及良好的审美情趣。

（二）依托课外实践任务

信息技术课外作业多为实践性任务，其意义在于可以检查学生的课堂学习效果，加深对知识的理解与技能的运用。例如，布置发送电子贺卡、收集与管理学习资料等活动，让学生应用网络开展学习，进一步加深对网络应用的体验。有教育意义的课外作业能让学生在形式多样的活动中快乐学习，在学习与生活的应用中认识信息技术的影响和作用，激发学习兴趣和主动应用技术的意识。例如结合母亲节开展的"电子贺卡送母亲"活动，尽管学生的作业各式各样，但每张贺卡都体现了学生发自内心对妈妈浓浓的爱和感激。这份作业不仅帮助学生巩固了Word的知识与技能，也让家长增进了与孩子、教师的关系，提升了学科的育人价值。

（三）依托学科校本课程

校本课程多以研究性学习和开放性学习为主，以学校为本位，与国家、地方课程相对应，将校本课程渗透信息技术课程中，这能在一定程度上体现出校本课程的优势，如满足学生的认知背景与需要、符合学校的主客观条件及其所处社区的经济与文化水平、利于开发教育资源和教育主动性。例如，笔者单位开发的电脑四格漫画校本课程就在实施过程中有效整合了信息技术、美术、写作、德育等多领域学科的知识，通过主题创作来提高学生的赏析能力，了解漫画的不同风格和多种表现形式；通过故事创作来提高学生的阅读与写作能力、开拓想象力和创造力；通过学习各种信息技术手段，达成创意与技术的整合应用，提高学生的操作与表现能力；将德育结合到电脑四格漫画之中，形成内容丰富而又易于小学和初中学生接受的有效载体，从多维度提高了学生的综合素质。

三、营造和谐关系，实现立德树人

党的十八大提出，"把立德树人作为教育的根本任务"，对学生进行德、智、体、美、劳等多方面的教育，培养即为育人。学科育人的前提是建立一种和谐的关系，在良好的氛围下培养学生全面发展，既要让学生学会科学文化知识，也要让学生懂得如何做人。

（1）抓好小、微的行为习惯。相对于其他学科，信息技术的课堂习惯更难规范。俗话说"三岁定八十"，一个好习惯可以让学生终身受益，从小教导学生什么是正确的信息技术学习规范，有助于培养学生健康负责的良好习惯。在日常教学中，教师要注重自己的行为规范与操作流程，让学生知道计算机的使用要求，遵守使用守则，养成良好的使用习惯。无规矩不成方圆，参照小学日常行为规范，根据校情制定管理规章，在每学期初第一节课宣讲规章内容及其对学生的好处。家校协同教育更能防微杜渐，如日常在家、在校都要求学生把垃圾放到电脑桌的周边空隙、不用显示器挡住偷做其他事情、关机不直接按电源等，这些虽是"微"事，却能培养学生讲卫生、懂礼貌、敢作敢当的良好品性。

（2）培养良好的师生、生生关系。和谐作为社会主义核心价值观的重要组成部分，和谐的课堂需要良好的师生、生生关系。首先，教师要能自树课堂或端庄大方、或平易近人的良好形象。在教育教学过程中，对每名学生都要真诚关心、热爱，让教师的传道授业通过学生感情的催化转化为学生的需求和行动。对学困与问题学生多一份关怀，对犯错学生晓理、动情、导行，以正确、正面的评价让学生对教师心存好感，逐步达到师生和谐、教学相长的境界。其次，教师要培养团结友爱的学生关系。学生是教学环境的主人，信息技术等专科课堂亟需良好的教学环境。小学信息技术课堂提倡以实践探究任务为主线，运用协作学习等教学模式开展教学，这有利于促进同学之间在学习上互相帮助、共同进步，逐步形成团结友爱、奋发向上的集体氛围。当师生、生生产生感情共鸣、形成互尊互爱的氛围时，和谐融洽的师生关系就能真正建立起来。

（3）要满足个性的需要。《广东省义务教育信息技术课程纲要（试行）》提到信息技术课程面向全体学生，还应关注学生在学习方面的个体差异，在学生达到基本目标的基础上，鼓励学生个性化发展。"立德树人"要求教师尽力让每个学生都成为有用之才。如何实现这一点呢？这就要求教师为每一个学生提供合适的教育，满足学生的不同要求，促使每个学生积极主动地参与学习。一是针对不同班级学生的性格与能力差异来确定每节课的学习任务，让每个学生都有合适的任务。例如，在广版教材《图像的复制》一课中，以"公园乐悠悠"为主题，让学生在完成基础任务后，以解决公园环保、安全、关怀等实际问题为切入点展开创作，让每一个学生都有"立德"的可能。二是通过评价，帮助学生建立稳定的态度、一贯的行为习惯和个性化的价值观等。学生的发展既有共性，也有个性。课程评价不仅要促进学生的共性发展，还应根据学生的个别差异，设计有针对性的评价方式与项目，反映学生个性发展，促进和引导学生个性的健康发展。

四、结语

作为国家、地方课程，信息技术是一门立足于实践，注重创造、高度综合的课程，课程与配套的教材本身就隐含着育人的深意，育人教育必然贯彻信息技术课堂内外的始终。构建良好的师生、生生、家校和谐关系是上好信息技术课、开展好课外活动的前提条件，而优质的信息技术课、优良的课外活动平台是构建和谐关系的基础，三者之间是相辅相成的。作为一名信息技术教师，要自觉理解和认识信息技术学科是让学生学习什么的、是培养什么样人的、要积极探索与充分发挥本学科的优势，挖掘信息技术教材中的育人因素，在课内外播撒育人种子，使之成为学生成长路上一盏明亮的指向灯。

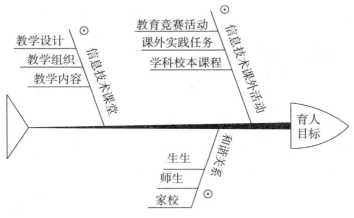

图1-6-1　信息技术学科育人关系图

（撰写：劳浩勋）

第七节 小初电脑四格漫画校本课程
研发的践行价值与实施方略

　　长期以来，我国课程统一性过强，多样性和选择性不强，难以满足各地区、各学校的要求。《基础教育课程改革纲要（试行）》规定："为保障和促进不同学生、学校、地区的要求，实行学校、地方和国家三级课程管理。"这让地方教育行政部门和学校有了更多参与课程开发与管理的机会。小初电脑四格漫画校本课程的研发工作源于2012年由广东省广州市教育局等9个单位联合举办的广州市中小学电脑四格漫画教育竞赛活动。这次活动得到了广州市内93所学校的支持，超过3万人在"古粤秀色网"对数百份学生作品进行了投票，这些作品充分体现了学生们善于观察、想象、探索、表达、合作、分享的精神，让组委会深刻认识到这一项目开展的必要性。

一、践行价值

（一）有利于传承和发展中华漫画文化

　　《2012—2016年中国动漫行业市场调查及投资决策报告》显示，中国2012年动漫行业市场规模突破320亿元。但目前国内播放和出版的动漫作品每年自产的仅占不足1/10。《中国动画产业终极报告》提出："动漫市场在中国应以4～22岁的幼儿和青少年为主，要走向世界就必须发展民族特色，要与众不同。"目前，作为中国新型漫画代表的电脑四格漫画已很好地融合了民族传统和现代信息技术的四格漫画两大元素，越来越受到人们的青睐，为中华漫画文化的传承和发展做出了一定的贡献。

（二）有利于从小培养动漫人才

北京电影学院动画学院院长孙立军曾言："希望学生们能够由衷地热爱动漫事业，并为之战斗，要探出一条属于中国动漫的道路。中国有3.75亿儿童，中国的动漫人才肩负文化传承的使命。"在调查中笔者发现，91%的学生对电脑四格漫画感兴趣，72%的学生是在读小学前就接触过的。陶行知先生曾指出："学生有了兴趣，就肯全副精神去做事，学与乐不可分。"电脑四格漫画是当今中国漫画中最具有生命力的课程，包含了信息技术、美术、故事等诸多元素，从小培养动漫人才是符合学生年龄特点的，也有利于中小学动漫人才培养模式的构建和具备中华文化背景的复合型动漫人才的培养。

（三）有利于培养学生的信息与美术素养以及写作能力

山东省漫画家协会副秘书长郑印全指出："漫画教学能充分体现创新思维、美术技能、幽默感等教育功能。"电脑四格漫画还适合用来培养学生的写作能力。江苏特级教师宋运来指出："将儿童写作与漫画创作活动相结合，让儿童漫画融入课堂，由于它的直观性、趣味性和生活性、现实性，必定激起孩子们内心观察体验的感受。"电脑四格漫画创作与写作相结合，有利于培养学生的故事创编能力。故事创编向上衔接的是学生早期的故事阅读经验，向下开启的则是学生的想象力和创造力。

二、实施方略

电脑四格漫画作为校本课程，应包含特定区域内的、反映地方特色的、带有一定共性的教育内容，它的设计目标实现的关键点是社会和学生；它的总体目标设计会在有利于促进学生全面发展和全面接触、了解、关注社会等方面深入展开，并与课程改革的总体目标协调一致，这样它的研发与实践才具有价值和生命力。在研发过程中，笔者坚持"理论探索、课程开发、实践尝试、总结提升"的研究思路，及时总结成功经验。

（一）小初教学的差异性分析

（1）思维能力培养的差异性。小学阶段学生的思维能力基本处于启蒙阶段，教学的目的偏向最基础的理论学习，教师在授课时更注重学生发散思维的培养。

（2）学习习惯的差异性。小学阶段的学生凭着较好的学习习惯与对教师较高的依赖程度，会严格按照教师的指示去学习创作技术，但其创作电脑四格漫画的过程会比较规范单一。

（3）教学目的的差异性。小学教学以学生的全面发展为目的，学校基本能保证校本课程的实施，还会通过组织课外的竞赛和展示活动来激发学生的电脑四格漫画创作潜能。

（二）校本教材的编写

（1）关注各年龄段教学内容之间的联系与综合。应视电脑四格漫画知识为一个有机的整体，教材应反映各年龄段教学内容之间的联系与综合，这将有利于学生对电脑四格漫画的整体认识。

（2）选择具有趣味性和现实性的素材。电脑四格漫画教材的素材选择应遵循学生的认知规律，小学的教材素材应采用学生喜欢的趣味风格，还可以从报刊、电视等媒体上选取合适的素材，以适当的方式呈现给学生，激发学生的学习热情和主动探究的精神。

（3）内容设计具有一定的弹性。教材具体的设计方式是就同一问题情境提出开放性问题或不同层次的问题，使不同的学生得到不同的发展。

（三）有效教学模式的构建

（1）任务驱动是现时国内小学信息技术课堂中重要的教学方法，我们在教学实践中有目的地整合任务驱动法与英国剑桥ICT课程WWW教学途径，在实践中解决了制定分年龄段的教学目标、创设联系学生生活的教学情景、设计具备一定难度和梯度的教学任务、任务达成验证和学生成果评价活动等一系列教学问题，逐步形成了多元有效的教学模式，重视自我发展意识的培养，让学生在"玩中学、看中学、做中学"。

（2）我们以构建有效教学模式为目的，引进学习型组织的理念，利用网络备课平台、QQ群等平台加强中小学教研备课组的建设，引导组内教师分析各年龄阶段学生在思维、习惯、学习目的等诸多方面存在的差异，探索形成了以"导读→例评→我来评→看我做→DIY"流程为基础的教学模式，共同营造适于小初教学衔接的高质课堂环境，让学生的信息与美术素养、故事创编能力得到持续性发展。

（四）课程资源的整合和共享

（1）校本课程资源的共享。四格漫画资源是中华民族的共有财产，它在特定区域内应该是共有的，学校之间的共同开发应逐步形成一种协作基础。我们在已开设电脑四格漫画校本课程的39所中小学建立了网络课程资源数据库、校际课程开发共同体，提取各校在课程开发中带有普遍性价值的课程资源内容，让共有的资源成为校际互惠互利的资源。

（2）开发改编学科的相关内容，创编学生需求的生活与社会资源。我们在提高对课程资源开发认识的基础上，抽取了信息技术、语文、美术三个学科的相关要素，用活动化、情景化的手法进行二度开发改编，以学生的实际需求生成课程创编的资源，把单一的学科技能学习综合改编成注重体验和实践、跨学科的电脑四格漫画活动课程。

（3）在学习时空的延伸中进行拓展，在综合实践探究中滚动生成。其实教育是一个连续不间断的、开放的过程，校本课程资源更多的是指向广阔的课外、校外的时间与空间，让学生自主合作参与其中，在活动中提高学生的综合素质，并在学生的综合实践中不断生成新的课程资源。

（五）交流展示平台的构建

（1）在我们的引领下，广州市多所中小学认同了以课程促进电脑四格漫画教育普及以及培养学生的创新精神和实践能力，以活动促进学生的兴趣和个性化发展，让电脑四格漫画兼有学习提高和竞技双重特性的指导方针。我们充分利用"古粤秀色网"等本土教育资源，为学生搭建了促进其成长和展示才能的竞赛教育活动平台，也为中小学师生共同提高信息、语文、美术素养提供了优秀的交流平台。

（2）参照被世界多国广泛支持的ICT课程学习梯度设置方式（起步级、前进级、成就级）和评价模块划分方式（学习内容和学习特点），我们构建了中小学电脑四格漫画学习评价平台。这个平台的最终目标是搭建国际一体化的青少年儿童电脑四格漫画学习平台和认证平台。让中小学生能循序渐进地系统学习，在不同年龄段都能学到本年龄段应学习的知识，并得到自己本年龄段的学习达标程度评价，为中小学普及电脑四格漫画学习服务，为学生培养信息能力和展示动漫才华服务，也可为我国的信息技术课程实施及评价提供有益的借鉴。

（撰写：劳浩勋）

第二章

2

基于新思维的
技术教育之行

第一节 新时代技术教师的成长案例

一、做一名幸福的信息技术教师（劳浩勋）

"坚持做一名合格的共产党员，不忘初心，砥砺前行。"这句话大概能够概括我从教十九年来的经历。我先后被授予广东省优秀科技教育组织者、广州市优秀教师、广州市名教师工作室主持人、广州市青少年科技体育教育工作先进个人、越秀区最美职工、越秀区教育名家（储备人才）等。1997年9月1日，我成为广州大学的一名师范生。从决定当教师开始，我就立志要全力以赴做一名好教师，不遗余力传授知识，珍惜爱护每一个学生，关心他们的身心健康成长。2001年9月1日是我参加工作的第一天。当天是我照看学生们午饭，有一位男学生突然感到很不舒服，人开始迷糊，我马上抱起他冲到旁边的社区卫生院，把他安顿好以后，我又给他的班主任打了电话。最终，该学生只是低血糖，没什么大碍。2016年12月，我受邀在广州市第四批市科技骨干教师培养对象开班仪式上进行经验分享，给出了自己对教师这一行业的体会："做一名幸福教师的前提是要有幸福的学生，共同享受教与学中的乐趣，感受彼此的爱与温度。"

"劳"字在《说文解字》中意为奋力以赴的积极动作。我先后受聘为越秀区教研会常务理事、越秀区教研会小学信息技术分会副会长、广州市教学研究中心组（信息技术）成员。我相信，在课堂的主阵地上，通过自己的辛勤劳作，学生的生活就会充满光明、充满希望。基于以上理念，我撰写的教学风格案例《各教所知 各尽所能 各学所需》获市基础教育系统新一轮"百千万人才培养工程"名教师案例评选一等奖，我制作的教学课件获全国一等奖，《精明小买家——认识Excel软件》获2016年市信息技术学科说课比赛二等奖与越秀区编程比赛特等奖，执教的课例《酷猫踢足球》获得2017年广东省多媒体教育软件活动一等奖，执教的课例《玩转中国风——图像的拉伸与扭曲》遴选为2019年越秀区优课。我的学生蒲同学评价："劳老师是一个与众不同、可爱又严肃的老师，他讲课风趣幽默、形象生动，使我们的课堂气氛十分活跃。"我辅导过的廖同学提到："在我的眼中，劳老师是一个幽默而又严厉的好老师。在上课时，他总是说几句幽默的话来调动我们学习的积极性，不仅教会我们技术，更注重对我们思维的启发。有同学上课开小差时，他会和蔼地提醒那个同学。我们大家都很认真地听他讲的课。他总是正面地引导我们应该怎样做，而不是简单地批评我们不应该怎样做。"

"劳"从外在形式上，可分为劳心和劳力两种表现形式，任何一次劳作都是心与力的结合。我在"劳"筋骨的同时，乐于用心自主创新，主持了广东省教育"十二五"科学规划课题信息技术专项《中小学电脑四格漫画校本课程的开发与研究》、全国教育信息技术研究2018年度课题《基于STEM理念的智能桌面实验盒中小学学区课程开发应用研究》等，尝试以跨学科学习的形式提升学生的综合素质。2013～2017年，我与其他教师合著了一系列（《中小学电子小报制作简明实例教程》《中小学电脑四格漫画制作简明实例教程》《阳光小创客——App Invernror简明实例教程》）数字文化创作课程教材，先后发表了12篇论文，尝试以跨学科学习的形式提升学生的综合素质，成功获市区教学成果奖，已有23所学校使用该教材开展校本课程。我在2012～2018年作为主要组织者先后参与了广州市、越秀区青科协举办的广州市电脑四格漫画、电子小报、电脑趣味运动会、电脑打字、纸飞机、海模、建模等科技比赛，以及越秀区电脑绘画、科技小达人、科普知识竞赛等教育竞赛活动，备受同行的赞许以及学校的肯定，所在学校获评为全国科技体育传统校。2017～2018年，我首创性地提出将STEM+评价用于市、区纸飞机教育竞赛中，在使STEM+的内涵和外延越来越丰富的同时，也体现了创新科技、教育和体育协同发展的探索和趋势，在《航空模型》发表了《将STEM+评价引入纸飞机赛事的探究》一文。在2019年广东省航空航天教育竞赛活动中，我首创性地提出增设Scratchpi编程、人工智能、电脑设计等创新项目，在同年7月的比赛中产生了首批112名航空智能项目获奖学生，为省、市、区的师生搭建了信息技术学科与传统科技项目相融合的创新交流平台。

"劳"即物之本末，"劳"需有始有终。我在日复一日的教学工作中，因学校需要与社会需求，辅导的项目越来越多，通过不断学习和刻苦钻研，个人能力不断提升，是少有历经了航模、海模、车模、建模、无线电、机器人、创客、编程、科技创新、征文、绘画、动画、报刊、打字、漫画、小小实验家、科技小星星、科技小达人、电子制作、科普知识等二十多个项目的科技辅导教师。"在参与的所有项目中都有一份与学生共同成长的丰收，实现为师的价值。"我坚持在自己真诚而勤恳的付出中，以"学会+特长"的理念引领学生个性发展，共辅导1400多人次学生获区级以上科技、信息技术类的奖励，包括了全国科技体育央视争霸赛一等奖、全国争当科学小实验家铜牌、广东省中小学电脑制作活动一等奖、广东省创客比赛二等奖、广东省电脑机器人擂台赛二等奖、广州市电脑打字一等奖、广州市电脑四格漫画一等奖等二十多个不同科技项目竞赛的奖项。

劳动的原点就是爱，我以爱为原点，以广州市名教师工作室为抓手地付出，辐射出强大的感染力。近年来，我致力于整合广州市少年宫科技部、越秀区少年宫科技部和学校的科技教育资源，主持立项了广州市青少年科技教育项目《科技教育援助从化吕田镇合作项目》《希望启航·共筑童梦》，开展了广州市少年宫暨广州市劳浩勋名教师工作室"放飞科技梦，智慧创未来"系列公益活动，将城区优质科技教育资源推广辐射到边远山区，将基于STEM与人工智能的课程提供给有需要的学生。近年来，我还先后担任了市青科协的科技体育专委副秘书长、STEM发展与应用专委副秘书长等社会职务，感觉自己肩上的担子更重了，"这是党对我工作的肯定与信任，平台更大了，也会激励着我在今后的信息技术教学中更好地引导学生成就自己的希望与幸福"。

二、我是少年宫的信息技术教师（高艳婷）

少年宫是校外教育的一个重要阵地，是学校教育的延伸和补充。少年宫的教学更是独特的具有中国特色的青少年教育状态，它拓展了教育的空间和内容，让青少年更多地认识生活、认识社会。

随着互联网的发展，信息技术无所不在，其重要性也越来越突出。信息技术的校外教学也成为其重要一环。在少年宫，信息技术教育课程从与机构合作到自行开发设计，都是以促进少年儿童个性发展、提升少年儿童综合素质为目的，具有专业性和多样性的教育活动。相对于学校课程的学科性、层级性、体系的相对稳定性而言，少年宫的课程更加具有时代性，同时它的综合性、实践性又能够与现有学校课程的知识形成一种相得益彰、互相补充的格局。少年宫信息课程是供少年儿童自主选择的学习课程，并以综合课程、活动课程为基本形态。

2008年，我踏入广州市少年宫的大门，开始接触校外教育工作。我先在科技培训部担任科普推广员，2010年取得教师资格证，开始了信息技术教师工作。

历经十个春秋，我始终如一地做着信息技术教师应做之事，从不懈怠。自担任信息技术教师以来，我担任了多媒体制作班、小小科技设计师（可视化创意编程）班、机器人班的教学工作，使我有机会承担不同班级、不同年龄段的教学，更加熟悉各阶段的教学要求，为个人的专业成长打下了良好的基础，也让我对校外教育的信息教学有了更深刻的认识。

（一）用兴趣引导学习

兴趣是一种推动学生学习的内在动力，它能激发学生强烈的求知欲望，从而为创造性思维的产生奠定基础。学生学好信息技术的前提首先是对其产生浓厚的兴趣，在信息技术教学过程中创设探究的情境，引发学生对信息技术课程的兴趣，或者设置有趣的任务或小游戏让学生感觉是在"玩"电脑，而不是学习信息技术知识。比如，在教学Word软件"插入图片"章节时，我首先出示精美的个人电子相册、音乐贺卡等形象生动、图文并茂的学生作品，激起他们的求知欲和兴趣。另外，我注重引导学生通过应用来巩固其学习兴趣。在可视化编程教学中设计各种小游戏任务，学生可以边学边设计游戏边玩游戏，在玩游戏的过程中，我不断给予修改意见，让学生在玩的过程中完善游戏，这样既能巩固学习知识，又能激发学生学习新知的欲望。

（二）用潜移默化来培养学生的信息素养

如今的社会，海量的信息充斥在我们的生活中，如何让学生主动地获得信息，并进行辨别和分析，正确加以评估，可以支配信息、掌握选择信息、拒绝信息，能够有效地利用信息来表达个人的思想和观念，分享不同的见解和资讯，在面对不同情境时能够自信地运用各种信息解决问题，这就需要教师在教学中不断地引导学生，培养学生的信息素养。首先，要培养学生的信息敏感度。让学生对关心的事或物的信息有一定的观察力和分析判断能力，在课堂上布置主题明确的信息搜索任务，促使其利用信息技术和互联网进行相关信息的收集、筛选和利用，逐步培养学生对信息的敏感度。其次，课程内容与生活实际相结合，与学生共同探讨社会热门的信息技术，寻找与课程内容的结合点，用以小见大的方式在教学中慢慢展示给学生，让学生与时俱进，这样既可以提升自己的信息素养，也可以潜移默化地影响学生，培养和提升学生的信息素养。

（三）用学生的主体性培养学生自主学习的能力

在多年的教学实践中得出经验，那就是学生自主学习愿望强烈的时候，思维潜能是巨大的，学习的效率和效果都会事半功倍。首先，教学时间安排以学生为主体。在教学过程中，学生应该在教师的指导下有更多时间进行信息技术实践，通过亲身体验和收获，深化教学内容，提升学习兴趣。其次，教学组织形式以学生为主体。要相信学生、尊重学生，以调动学生的积极性为前提，以教给学生学习方法为重点，设计生活实践内容，充分调动学生的求知欲望，引导学生自主探究发现、自主解决问题、自主完成任务。最后，在教学过程中，将学习的主动权交给学生，我从主角转为配角，引导和鼓励青少年学生自由学习、自由讨论，让学生真正成为学习的主人。将来学生走进社会，还是要靠自学能力获得知识、增长才干、解决实际问题，只有授之以渔，才能使其终身受用。

（四）用活动增强学生的实践能力

作为科普推广员兼信息技术教师，我把信息技术、科普知识融入活动中，充分利用少年宫资源，开展形式多样的特色科技实践活动。以小博士工作室为平台，组织策划"放飞科技梦，智慧创未来"系列公益活动，活动由"创新思维""趣味编程""小小设计师""VR虚拟与现实课程""3D打印"等创新公益课程组成，通过微信平台公开招募学生体验不同的信息技术课程。创新公益课程平台能够让学生学习新科技，动手动脑实现自己的创意梦想，做到既服务于学生，也为信息技术专业课程延伸、发展、升级提供了实践基地。活动从2016年开始至2020年12月，已开展200场次，参加人数超过4000人次。同时策划组织2014年广州市教育局的科技项目"广州市第十届青少年科技活动汇演""2015年广州市节能环保小先锋系列活动""广州市少年宫科普支教活动"，2016年承办"广州市第十一届青少年科技活动汇演"，让学生们的课外知识更丰富、更多元，从而增强实践能力。

新时代对教师提出了新的要求，教师的使命和担当也有了新的内容。须明道、知敬业、会学习、保持初心、不断创新，才能成为一名真正的信息时代专业教师。

三、我就是一名技术教师（凌星星）

2001年，我从华南师范大学物理系毕业，进入广州市第一中学任教，目前已经从教十九年。我非常重视学生的思想品德教育，善于将德育渗透在日常的教学中，且效果明显，所教班级均能形成良好的班风、学风，培养优秀学生效果显著。针对我校是寄宿制学校的特点，我常利用课后和晚自习时间与学生谈心，能够主动对学生在学习、生活上遇到的困惑给予开导。我能针对学生的优点，培养他们参加科技竞赛，帮助他们树立信心，所转化的5名后进生效果明显，并得到了级组和学校的肯定。其中，我指导的王瀚霖同学因参加科技竞赛成绩优异，获得共青团广东省委员会、广东省教育厅组织评选的2020年第五届"最美南粤少年"的"创新好少年"省级称号。

（1）我严格把关教学，教学效果显著。在教学中，我坚持听课，深入钻研教学大纲和新课程标准，熟练掌握教材，准确把握好教材的重难点，精心设计教案。在课堂上，我能把各种教学方法有机地结合起来，注重提高教学技巧，讲究教学艺术，教学语言生动，能激发学生的学习热情，发挥学生的主体积极性，引导学生掌握先进的学习方法和养成良好的学习习惯。我重视启发学生的思维，培养学生的创新精神，因材施教，效果良好，已形成了善于分析教材、教学系统性强的个人教学特色。我所教班级学生成绩优异，合格率100%以上，优秀率50%以上。我坚持每年至少承担1节公开课，2011学年承担省级公开课1次，2016学年和2019学年各承担市级公开课1次，2014学年、2017学年、2018学年各承担区级公开课1次，参加省说课比赛获二等奖、省课例比赛获三等奖，参加市同课异构教学竞赛获二等奖、市说课比赛获二等奖。我所撰写的教学设计多次获得省、市级奖项。2019年，我担任广州市通用技术青年教师教学技能大赛评委。2018年，我担任荔湾区通用技术青年教师教学技能大赛评委。2017年，我作为一级教师评审委员参与荔湾区一级教师评审工作。

（2）我潜心钻研，教研成果突出。自工作以来，我坚持学习，密切关注本学科发展的新动向和新趋势，不断提高自己的理论水平。我被广州市教育局聘为广州市第十五届特约教研员，连续5届担任广州市通用技术教学研究会理事，连续2届担任荔湾区通用技术特约教研员。我积极参加市、区、校教研活动，出勤率达到市、区教研室和学校的要求。作为市教研会理事，多年来，我积极参与策划组织市教研活动，并于2008年在市教研活动上做主题发言，2015年、2017年在区教研活动上分别做主题发言。作为核心作者，我参与并于2020年完成全国高中选择性必修教材《智能家居应用设计》的编写，该教材于2020年2月出版发行。根据教育部相关文件，我同时承担完成国家级课题1项。2009年，我作为编委参与省教研室组织编写的《通用技术实验册》一书，并由广东科技出版社出版发行。同时我还负责完成4本校本教材的编写。我具有较强的课题研究能力，负责并完成国家级课题1个、市级课题2个、区级课题2个。2008年，课题成果获荔湾区第二届教育科研优秀成果奖二等奖。我具有较强的理论水平，每年坚持撰写教学论文1篇以上，所写论文曾多次获得国家、省、市级奖项。我撰写的论文《基于通用技术学科视角的创新发明课程体系建构》于2020年7月在荔湾区教研活动上宣读；撰写的论文《怎样在通用技术教学中渗透创新教育》发表在国家级期刊《实验教学与仪器》2013年第7/8期上。

（3）我积极发展学生综合素质，辅导竞赛成绩突出。自任教以来，我一直负责校本选修课程，每年参与组织校科技节活动，开设选修课程和指导学生进行研究性学习，均获得了较好的效果，有效推动了全校学生综合素质的发展。自任现职以来，我指导学生在机器人、创客、发明创新、信息奥赛、3D设计等多方面竞赛中获国家级、省级、市级奖项。近五年，我指导的学生就获得国家级一等奖3个，分别是2019年第五届中国"互联网+"大学生创新创业大赛萌芽板块全国最高奖"创新潜力奖"、2019年第二十三届全国发明展"全国金奖"、第二十三届全国发明展"宝武中国青少年发明奖"；获得省级一等奖2个，分别是第五届广东省"互联网+"大学生创新创业大赛萌芽板块省最高奖"创新潜力奖"、第十九届广东省中小学电脑制作活动创客项目省一等奖；获得省二等奖3个，分别是2019年全国青少年程序设计竞赛CSP-J广东省赛区二等奖、第十七届广东省少年儿童发明奖二等奖、第三十五届广东省青少年科技创新大赛二等奖。因在2019年第五届中国"互联网+"大学生创新创业大赛中成绩突出，我指导的参赛团队获广东省教育厅全省发文表彰，我指导的参赛学生获得共青团广东省委员会、广东省教育厅组织评选的2020年第五届"最美南粤少年"的"创新好少年"省级称号。

（4）我发挥学科带头人的作用，培养青年教师效果突出。担任校通用技术科组长十多年来，我注重科组建设和发展，着力建设学习型科组，我校通用技术教学在广州市享有一定的知名度。作为市通用技术骨干教师、市通用技术教研会理事和越秀区立体学区STEM教育联盟顾问，我重视培养年轻教师，共指导我校年轻教师鲁文俊、广州四中年轻教师林纯如、广州八一希望小学年轻教师陈波璇、广州三中年轻教师蔡明业4位。我加强对他们教学和科技竞赛的指导，使他们的教学能力和竞赛辅导能力进步显著，4位年轻教师承担的公开课都获得了听课教师的一致好评，在指导学生竞赛方面也取得了优异的成绩。我在2019年被教育部主办的第五届中国"互联网+"大学生创新创业大赛评为全国优秀创新创业导师，2019年被省教育厅评为省优秀创新创业导师。我是广州市第四批骨干教师，2018年被荔湾区教育局评为区优秀科技辅导员。2019年被评为广东省优秀园丁奖，被荔湾区教育局评为区电脑制作活动优秀指导教师。2016年被评为全国优秀创客教师。2017年被荔湾区教育局评为区青少年3D打印创意设计大赛优秀指导老师。2018学年被评为广州市第一中学优秀教师。

成绩已成过去，路还在脚下，我将永记：我是一名技术教师，是最需要与时俱进的教师！我要爱学苦干，要敬业创新，成为新时代所需要的技术教师！

（撰写：劳浩勋　高艳婷　凌星星）

第二节　技术教师的教学风格形成案例

一、个人简介

劳浩勋，中小学高级信息技术教师，硕士学位，曾被授予全国教育科研优秀教师、全国教育科研先进实验工作者、全国航模优秀基层辅导员、全国少年儿童"争当科学小实验家"优秀辅导教师、广东省优秀科技教育组织工作者、广东省教育技术中级培训优秀助学、广州市优秀教师、广州市科技活动先进个人、广州市科技体育教育工作先进个人、广州市科技德育工作先进个人、越秀区优秀科普志愿者、越秀区优秀科技辅导员等。

二、叙说自己的成长历程

我的成长历程

"累并收获着，苦并快乐着。"这句话大概能够概括我从教十四年来的经历，回想已消逝的青葱岁月，这是人生历程中的一段意义深刻的文化苦旅，也是生命与智慧迅即聚核与绽放的过程。作为中共党员，我热爱社会主义祖国，遵守国家的法律法规，能做到深入学习实践发展科学观，能以《广州市教师职业道德规范读本》的标准严格要求自己，教书育人，为人师表，廉洁自律，团结同事，敢于承担责任，具有良好的职业道德修养和献身于基础教育事业的精神。

我乐于参加继续教育培训，先后通过信息技术全员培训考核（高级）、广东省中小学教师教育技术能力建设项目助学导师培训、剑桥少儿ICT培训师资格证考试等。2010～2014年，完成教师继续教育学习任务并达到规定学分要求，在持有数学教育（计算机方向）本科证书、汉语言文学本科证书的基础上，于2010年通过进修取得了武汉大学公共管理硕士学位。我先后受越秀区教育发展中心和广州市中小学教师信息技术考核中心委托，多次承担了多项继续教育培训任务，2010年被评为越秀区中小学教师教育技术优秀主讲教师，2010年被评为广州市中小学教师教育技术优秀主讲教师，2010年、2011年、2012年、2014年均被评为广东省教育技术中级培训优秀助学导师。

我赞同学校"一切为孩子健康成长服务"的办学理念，能十四年如一日地坚持从事副班主任、科技辅导员工作，包括担任校长助理和副教导主任期间都积极主动地参与到班级教育和班级管理工作中，组织开展了形式多样的科技和综合实践活动，努力实现让学生懂得珍惜生命、热爱学习、热爱生活、对自己的未来发展充满希望的培养目标。在班级管理中，我能积极配合班主任开展管理工作，想方设法配合其他教师共同建设好班集体，着力打造充满希望的班级生命教育特色。我参与共同管理的班级多次被评为"文明班集体"。

在信息技术学科教学的主阵地中，我积极参加越秀区信息技术小学中心教研组活动，曾被评为区教研积极分子，并被遴选为广州市新一轮"百千万人才培养工程"培养对象。2010～2015年，我每年都承担区级以上公开课任务，参与制作的课件曾获全国多媒体教育软件大赛一等奖和广东省计算机教育软件评比一等奖。我在课堂中注意渗透德育教育，凝练自己的教学风格，对于未形成良好习惯的学生能因势利导，因材施教，引导他们逐步形成良好的学习习惯与行为习惯，备受家长和同行的赞许以及学校的肯定。

2006年7月，时任广州市越秀区人民北路小学的梁校长找我谈话，让我申报课题，依稀记得当时梁校是这样鼓励我的："年轻人，要有些想法。"自此，我就在懵懂中走上了科研之路，主持了包括《中小学电脑四格漫画校本课程的开发与研究》（立项单位：广东省教育厅）等四个课题，作为前五位主要成员参与了《构建促进教师专业发展的学习共同体》（立项单位：广州市教育局）等八个课题，与越秀区教研员钟老师合作编著了《中小学电子小报制作简明实例教程》《中小学电脑四格漫画制作简明实例教程》（中国文联出版社），并参与了《行知乐园·素质教育读本》（中国文史出版社）的编写工作，在《中国教师》《广东教育》《师道·教研》等杂志发表了《浅论小初电脑四格漫画校本课程研发的践行价值与实施战略》等12篇论文，共有19篇论文在全国、省、市、区获奖，并先后在市区做了题为《创作电脑四格漫画的流程与方法》《中小学电脑制作活动培训》等讲座。

我从2006年起一直致力于推广校园科普教育，协助校长整合东风社区和市区少年宫等优势资源，结合本校实际情况积极开展各项科普活动，现在已经在社区和学校里得到普及，主持或参与的10个广州市青少年科技教育项目（含重点项目1个）都顺利结项，实现了学校、家庭、社会的和谐教育。自获得小学高级教师资格以来，我多次承担了全国、市、区科技教育竞赛的副总裁判长、项目裁判长与组委工作，所辅导的学生共有1013人次在各级教育行政部门主办的信息技术类和科技类等竞赛中获奖，先后接受了广东新闻台、广州市电视台少儿频道、《都市人•成长》《现代中小学生报》等媒体的采访。2013年，本校信息技术科组被评为"广州市中小学信息技术优秀学科教研组"，学校被授予"全国科技体育传统校"。近年来，我还致力于整合广州市少年宫科技部、越秀区小学信息技术学会和学校的教育资源，作为项目主持人立项了广州市青少年科技教育项目《科技教育援助从化吕田镇合作项目》，联合对从化吕田镇辖内五所中小学开展支教活动，实现了多单位的联动交流，将城区的优质教育资源推广辐射到从化吕田山区，为拉近城乡之间的教育差距做出了自己应有的贡献。

三、提供恰当的课堂实例

课堂实录一

可爱的海洋动物——刷子工具（二）

（一）展示范例，对比引入

师生谈话［展示翻车鱼图片（实物图片与多幅简笔画）］：翻车鱼是一种海洋动物，今天我们就来接触这些可爱的海洋动物。同学们的感觉如何？它们中哪个比较可爱？（引导学生对比交流，引出课题）

教师提出问题：乌龟和热带鱼的花纹（颜色）可以用哪种刷子样式画出来呢？学生回答：用××样式能画出××效果。

设计意图：对比引入，设置悬念，激发学生的创作热情。

（二）范例指导，深化活用

任务一

师生谈话：在把乌龟和金鱼弄漂亮之前，我们先复习刷子工具的使用步骤。

生：选择刷子工具→选择刷子样式→设置前景色→用刷子作画。

师：我们要活用刷子工具。

提出具体任务：用刷子工具画花纹，综合运用刷子工具的不同样式进行综合创作。如有疑问，可以看书或同学间交流，或提问教师，注意小结出操作方法，做完后保存作品。（教师巡视，个别辅导、答疑）

学生互相帮助，交流对比操作技巧。个别学生示范操作方法。

教师展示学生范例，引导辅助学生归纳刷子工具画线条纹理的技巧。

学生思考回答：①每把刷子画出的线条是什么样子？②不同样式的刷子可以画出哪些不同的效果？

设计意图：以"做中学，学中做"为指导思想，利用学生乐于操作实践的特点，先设定一个简单的任务，让学生动手尝试操作，在实践中初步感知刷子工具不同样式的选用，为下面的深入学习打下基础。

任务二

师（展示章鱼图片范例）：哪个更可爱，哪个更容易画？

在示范过程中，引导学生谈画法（着重刷子工具的运用技巧）。

师：看清楚了吗？按老师的方法，用刷子工具把章鱼画出来。

提出具体任务：画章鱼。要求：①如有疑问，可同学间交流或提问教师；②注意总结技巧，画完后保存作品（非必须）；画好的同学可以对颜色、形状、装饰等方面进行想象创作，使其更可爱、更有特色、更漂亮（仅需画一只章鱼）。

学生参考范例，完成操作，同小组同学交流刷子工具不同样式的使用。遇到问题会寻求同学、教师或帮助小锦囊的帮助。

教师巡视指导学生操作，答疑。展示典型作品，师生交流，归纳要点。

设计意图：创设力所能及的学习任务，让学生们通过自身的努力、感受、关注、参与、领悟，在体验和内省中实现自我学习，达成预定的目标，体验到自我成功的喜悦。

任务三

观看海底世界视频。"哪位同学能够谈谈自己的感受（心情）？"请学生积极发言来表达自己的感受，再提出："海底的动物是如此美丽神奇，那么你们能否将这些海洋动物描绘出来呢？"

提供操作范例（多图）：教师将海洋动物变成简单（容易、可爱）的几何形状。提出具体任务：为水底世界添加可爱（喜爱）的海洋动物（可适当使用其他绘图工具）。①模仿范例画一种或多种海洋动物，允许合理改动。②完成模仿范例的同学可以进行想象创作。

引导学生注意知识的迁移，用刷子工具的不同样式尝试操作。展示典型作品，学生对比欣赏，交流操作技巧、小结刷子工具的使用技巧，教师指导学生继续完成层次任务。

设计意图：深入探究，在原来的基础上，让学生带着问题完成更高层次的任务，使操作更有针对性。针对学生存在的差异，设置有弹性的任务，充分挖掘优秀学生的想象力，学以致用，培养学生自我提高信息素养的意识。

（三）学习评价，总结提升

展示部分优秀学生作品，引导学生欣赏作品，交流讨论，多维评价，把刷子工具的不同样式运用到平时的绘画创作中。例如：请说出自己心目中优秀作品应具备的条件（为什么觉得好）。你能给其他同学提出什么建议吗？（创意新颖，构图具有远中近景的层次感，色彩搭配协调、美观，作品表现出作者热爱大自然或者人类和自然的和谐美等）

教师针对学生存在的问题，小结操作技巧、学生完成任务的情况，以及使用刷子工具的情况，如熟练、灵活运用等，并注意发现学生的闪光点，挖掘有利于学生开拓思维的信息。

布置课后任务：发挥自己的想象力，综合运用刷子工具的用途继续丰富海底世界。

设计意图：通过学生自评、生生交流、师生共评等形式，对学生的表现进行及时的评价与反馈，充分体现了评价主体的多元化。学是为了不学，对知识进行系统归纳，有利于学生梳理知识，巩固提升。

课堂实录二（片段）

画画好帮手——认识画图软件——画图软件的启动

（一）情景引入

师（出示优秀作品"广州美景"）：同学们，你知道这画的是广州什么地方吗？

学生思考回答。

师：老师选的美景同学们都认识。你们觉得广州还有什么美丽的地方？

学生思考回答。

师：这些美景都可以和这三幅图一样，用画图软件画出来。画图是Windows自带安装的一个常用软件，今天我们就来认识它。

设计意图：利用贴近生活的优秀作品激发学生的学习兴趣。

（二）新授知识

1.基本任务

师：在认识画图软件前，我们首先要进行什么操作？

生：打开/启动。

师：在认识它之前，我们必须先启动它（出示课题：画图软件的启动）。老师把这个任务交给你们尝试。两个提示：①可以翻开课本17页，按17页的步骤启动它。②可以与同学交流，合作操作。明白了吗？那就开始尝试吧！

学生了解任务要求，自主尝试解决问题。（完成的学生坐好并举手，表示成功）

师：很多同学的手都举起来了，同学们很棒！现在我想请一位成功的同学为我们演示。

生：单击"开始"→（移动鼠标）指向"所有程序"→（再移动鼠标）指向"附件"→单击"画图"。

师生共同归纳梳理操作步骤：成功启动了！掌声鼓励。现在我们一起整理刚才的步骤。第一步是单击"开始"；第二步是指向"所有程序"，指向和单击是启动软件时常用的操作，请记住；第三步是指向"附件"；第四步是单击"画图"。

设计意图：通过看书、演示、交流、合作，逐步掌握启动画图软件的方法，完成基本任务，提高学生信心。

2. 微练习

师：按以上步骤操作，我们就能启动画图软件，大家都学会了吗？

生：学会了。

师：那一起做个练习：请按我们归纳的步骤，再次启动画图软件。（出示步骤）

师：看谁更熟悉这个步骤，能更快启动。如果有的同学刚才未成功，现在可以再尝试。准备好了吗？开始吧！

生：提倡合作与交流，帮助学困生完成基本任务。有时间的可进行反复练习，提高操作的熟练程度。

师：同学们都成功了！掌声鼓励自己！

设计意图：为学生提供分层任务，提供机会给操作较慢的学生，达成班内学生均衡发展。

（三）小结

（1）统计成功率。

（2）自我激励：做更好的自己。

（四）课堂教学反思

在这节课里，我重视学习方法的引导，以学生为中心，让学生在体验中学，强调"做中学"，注意学生的差异，注重学生的生成。通过"先试后学"等方式，有效达成了本节课的教学目标。通过本节微课的教学探讨，我认为要在信息技术课堂开展好探究性学习活动，让信息技术课堂真正活起来要做到以下几个方面：

一是要发挥好教师的主导作用。教师需在课前根据学生的年龄特点，为学生进行自主探究铺设合适的阶梯，让学生能逐步通过体验和内省实现自我学习。

二是要从低年级开始培养学生学习信息技术的能力，培养学生对信息技术的兴趣和意识，提高学生的信息素养。

三是教师在心理上要保持适当的童真，发挥好引导、协调、激励作用，在课堂中强调"做中学"，注意培养学生的创新探索精神和合作意识。

四是信息技术学科作为学困生面对最广的学科，教师在活动结束后还需据实分层次地布置练习任务，在不同层次内引导学生提高知识技能的领悟度和熟练度。

课堂实录三

搬家总动员——图像的移动

（一）情景引入

师：同学们，我们一起看看工具箱，已学习的工具有哪些？还有哪种工具需要学习呢？

学生：思考回答。

师：出示课题《图像的移动》。

师：爷爷的收藏品很多，要怎么把它们收拾好？我们今天就用选定工具和任意形状的裁剪工具收拾爷爷的收藏品。

师：出示总任务——《搬家总动员》。

设计意图：利用贴近生活的情景培养学生善于观察与发现问题的能力。

（二）新授知识

任务一

教师出示学习情境：如何将花瓶移到架子上？

生：打开"一起来搬家1.bmp"文件，尝试把花瓶移到架子上。指导探索：①按课本第51页"跟着做"步骤进行操作。②注意与同学交流，合作解决问题。③遇到问题注意撤销。（教师对学生自主探索活动给予引导和帮助）

学生汇报演示本任务图像移动的方法。

教师板书相应步骤，并讲解注意事项。

提倡合作与交流，帮助学困生继续完成以上的基础任务。有时间的学生可继续完成书本上"动手做"的内容：用所学办法将白色地毯上爷爷的收藏品全部移到架子上，并保存文件。（教师巡堂辅导）

设计意图：遵循皮亚杰的建构理论，结合新教材特点和学生的认知发展水平与已有的知识经验基础，合理使用新教材提供的素材，以学生作为主体设计学习的过程，让学生在交流与合作中通过看书、演示、自学、探究、互助不断提升自我，逐步掌握"选定"工具的使用方法，完成基本任务，提高学生信心。

任务二

师：试将滑板车移到架子上。

生：使用"一起来搬家2.bmp"文件，先尝试将滑板车移到架子上。

师：演示将滑板车移到架子上。提问：发现了什么问题？板书："任意形状的裁剪"工具的使用。

生：按课本53页"跟着做"的步骤进行操作。注意与同学交流，合作解决问题，遇到问题注意撤销。（师巡堂，提倡合作与交流，帮助学困生完成基本任务）

生：汇报演示本任务图像移动的方法。

师：板书第一步和第四步，并讲解注意事项。有时间的学生可继续完成书本上"动手做"的内容：用所学办法将地上的玩具全部移动到架子上，并保存文件。

设计意图：主要以任务驱动教学法及范例教学法为主开展教学，注重知识迁移，以学生的探究为主，提供机会给操作较慢的学生，达成班内学生均衡发展。

（三）综合应用

情景过渡：我们可以按照需求移动已经画好的图像，改变位置。这是电脑绘画独有的优势。

布置任务：打开"一起来搬家3.bmp"文件，看看哪些物品摆放得不合理，将它们放在合适的地方，将新家布置好，并利用所学技术美化新家，完成后保存文件。要求：①运用今天所学技术。②新家布置合理，设计有特色。

生：了解任务要求，自主尝试解决问题，互学共进。

师：请完成的同学互相交流（说说）自己的设计心得与最得意的技术。

生：保存作品，口头点评（自推或推选优秀伙伴进行汇报、点评）。

设计意图：以技术为主体，突出学科特点。帮助学生提升信息技术素养，综合运用技术解决实际问题。

（四）总结

师：你学会了图像的移动吗？还有什么困难？

生：我学会了。（师：指导完成）

师：根据本节课你的收获，在"我的得分"栏里贴上"❀❀"。

表2-2-1 课堂学习评价表

知识要点	我的得分	知识要点	我的得分
会使用选定工具和任意形状的裁剪工具选定图像	❀ ❀ ❀	会移动的图像	❀ ❀ ❀
会设置透明样式	❀ ❀ ❀		
我还学会了:			

师：课后还可以尝试完成课本中的"试着做"任务，下节课展示你的方法。

设计意图：根据"同一论"，有教学的地方就有学生的发展。及时反馈各层次学生的学习情况，为后续教学安排提供依据。将学习延伸至课外，让学有余力或有待提高的学生有一周的调整时间。

四、表达自己的教学追求（我的教育主张）

虽然我不能决定信息技术学科的教材内容，不能预知课堂的突发情况，不能控制学生的差异，但我能选择自己的教学风格，主导自己的课堂！

（一）重体验，追求学用合一

信息技术是对信息进行收集、存储、加工和传递的技术。对于小学生来说，信息的来源在很大程度上是基于生活的。我在教学中注重提炼生活实例，让生活实例走进课堂，让学生的任务与生活相结合，追求学用结合，学了就要能用，在用的过程中学，在学的过程中用。《广东省义务教育信息技术课程纲要（试行）》提出："体现学生亲历信息技术学习与探究的过程。"信息技术课程的重点在于通过引导学生亲身经历信息技术学习与探究的过程，激发对信息技术的兴趣，培养学生的信息技术素养，并透过信息技术素养的培养致力于学生信息素养的养成与发展。教材应注意选择那些学生所熟悉与希望了解的与信息处理有关的问题，以兴趣为起点，以活动为主线，以任务为驱动来组织教材内容。《广东省义务教育信息技术课程纲要（试行）》还提出："从学生原有经验出发，选择学生便于体验、能够理解的内容。"小学生的信息技术学习活动具有明显的年龄特征，他们对于自然事物与现象的把握是很具体的。在日常教学中，任务内容注意从学生身边的自然事物和现象中选取，以便于他们以生活经验和周围环境为基础进行学习活动。在课堂上，我倡导学生在做中思维，通过思维发现和解决问题，让学生能动地活动，积极地思维，以发现为目标，以"改""添""创"三种层次的要求追求求异思维模式，培养学生的创造能力。

（二）重人文，追求信息与人文的交融

我曾阅读过大量文献资料，无论是从历史到现实，还是从国外到国内，各类文献都相当一致地认为，在信息技术学科提倡的人文应当是具有现代信息意识的人文，应当是体现现代信息意识的人文。我赞同龚育之先生有关"'相互渗透、结合和统一'，就是'交融'"这一观点，信息与人文应当密不可分、相互交融，信息技术教学中应体现充满高度人文的关怀精神。《广东省义务教育信息技术课程纲要（试行）》提出："重视内容之间的有机联系，综合考虑三维目标的相互渗透。"信息技术教材要展现信息技术发展、创新和应用中蕴藏的人文精神，并加强不同领域、学科之间相互交叉与渗透；要把学生信息技术素养的培养以及信息素养的养成与发展作为一个综合的体系，引导学生在信息技术学习与探究的过程中不断得到提升；要不断内化与信息技术应用相关的伦理道德观念与法律法规意识，逐步养成健康、安全、负责的信息技术使用习惯。《广东省义务教育信息技术课程纲要（试行）》还提出："注意教材的衔接，内容应具有一定的时代感和社会性。"信息技术教材应吸收和反映信息技术发展中的新成果、新话题，以及社会生活中人们共同关注和亟待解决的问题，使学生从信息技术课程的学习中增强社会责任感，并真实地感受和体验信息技术和社会之间的关系。同时应注意各学段教材内容的衔接问题，宜采用螺旋式上升的编排方式。

（三）重交往，追求和谐与创新

维果斯基阐述了关于人的心理发展的两条基本规律：一是人所特有的被中介的心理机能只能产生于人们的协同活动和人际交往之中；二是人所特有的新的心理过程结构最初必须在人的外部活动中形成，随后才可能被转移至内部，成为人的内部心理过程的结构。这一观点深刻揭示了长期困扰教育界的理论知识与文化实践的关系问题，它告诉我们：学习需要理论与实践相结合，学习需要置身社会交往中。基于以上认识，我重视在课堂教学中创设有效的教学情境和教育活动，注重学习方法的引导，通过分层任务关注学生的差异与注重学生的生成，以学生为中心，以知识为联结点，在相互交流中充分发挥每个学生创造性的能力，努力形成一种弥漫于群体与组织中的和谐学习气氛，让个体价值

在特定的教育环境里得以实现，让学习成为知识创新的形式。

五、他人眼中的我

钟智强（越秀区进修学校教研员）：劳浩勋老师活跃于越秀区小学信息技术学科各类教研活动中，永远保持着谦虚和积极的态度，广泛吸收来自不同层次和领域的宝贵经验和专业指导，专业成长迅猛。近年来，劳老师一直在开展《中小学电子小报校本课程的开发与研究》《中小学电脑四格漫画校本课程的开发与研究》《广州市中小学信息技术排版教学和虚拟机器人教学衔接研究》等信息技术方面的教育科研课题研究，以科研促课改，成果突出。劳老师教学业务突出，曾获区教学技能竞赛Scratch编程特等奖以及区教学设计、论文、说课、课例等一等奖，是区电脑绘画、电子小报、电脑打字、电脑编程等项目比赛的优秀辅导教师。在参加市"百千万人才培养工程"期间赴杭州、怀集、萝岗等地上示范交流课，展示了我区信息技术教师卓越的教学水平。劳老师确实是一位不可多得的全能型优秀教师。

单伟文（广州市八一希望学校校长）：劳浩勋老师爱岗敬业，工作勤恳认真。2010～2015年，其所教学生在全国、省、市、区各级各类科技与信息技术类竞赛获奖共1239人次，学生获奖比例超100%，深受学生、家长的欢迎和好评。他教学业务优秀，近年来多次上区级以上公开课，还积极参与了学校《生命教育电影课课程开发应用研究》等数个课题的研究工作，曾获越秀区教育创新成果奖。他在自我要求不断进步的同时，还经常把自己的成功经验和科组教师共同分享，先后在市区举办了《快乐的纸飞机》《在小学开展科技兴趣小组活动，提高学生学习兴趣》《放飞科技梦想，展翅成就希望》等讲座。

汪晓佳（白云区时代朝天实验小学校长、原广州市小学教育督导员）：劳浩勋老师在学校担任教导主任工作并承担信息技术教学任务，他爱岗敬业，积极向上，乐于助人，豁达阳光。在群众中，他发挥共产党员的模范先锋作用，任劳任怨，从不计较个人得失，时刻注重个人的师德修养，他刻苦钻研，以较强的专业能力引领同事走在教育教学改革的前沿；在学生中，他是一位受大家拥戴的好老师，关爱学生，热情帮助学生，遵循学生学习的成长规律，引导学生动手动脑积极探索科学奥秘，尤其关注特殊学生，耐心辅导他们，激发他们的学习兴趣。劳主任在参加市级"百千万人才培养工程"骨干教师培训期间，既积极认真地参加学习培训，又认真负责地投入学校管理教学工作，还学以致用，经常与其他教师分享学习收获，将学到的先进经验和教育教学理论知识运用到实际的工作中，以及教育教学研究中。这段时间，劳主任参与或主持了多个科研课题研究，多篇论文在公开期刊上发表，多个区县级、市级公开教学和讲座被评为优，还积极组织学校教师编写生命教育电影课程校本教材和科技活动课程校本教材，组织指导教师完成学校市级课题研究的结题工作，积极参与学校创建全国科技体育传统校和样板校的工作，积极参与广州市大型科技活动的组织工作以及全国科技体育工作校长培训的组织工作。他被评为全国教育科研优秀教师、全国教育科研先进实验工作者、省优秀科技教育组织者、市科技德育先进个人等。劳主任在学习工作研究中不断成长成才，衷心希望他迈进教育专家的行列，成为教育战线的领军人物。

林华娜（广州市八一希望学校副教导主任）：术业专攻，键盘鼠标显示器，此处风景独好；内引外联，电话邮件公文袋，彼岸佳音叠传。横批：劳者毓秀。

邬锦红（广州市八一希望学校专任教师）：劳老师教态亲切，语言风趣、幽默，教育理念紧跟新课标的要求，教学设计有一定的深度，在教学过程中总有一些令人眼前一亮的地方。

卢卉镭（12岁，六年级学生）：我眼中的劳老师是个"高人"。虽然他个子不高，但上课时的表现可不一般。劳老师上课时总和我们开玩笑，让课堂气氛变得活跃。劳老师很可爱，他的一些活动总能让我们开怀大笑。下课时，劳老师还经常陪我们玩耍，他的一些行为举动是非常可爱的，他有着一颗童真、不老的心。我喜欢他！

廖蕴诗（12岁，六年级学生）：在我心目中，劳老师是个特别、与众不同的老师。在他的课堂上，一会儿可以听到一阵阵笑声，一会儿可以听见一声声大叫，一会儿又十分寂静……在课余时间里，他会和我们说说笑、谈谈心、玩耍或者嬉戏等。他很平易近人，同时也很严肃而风趣。

卢智莹（12岁，六年级学生）：说起劳老师，那可是三天三夜都讲不完。他戴着一副眼镜，相貌一般，最大的特点就是幽默。上课时，他的幽默引得全班哄堂大笑。有一次，劳老师帮同学录音，那一句"博尔特才跑9秒58分，我要跑8秒58分，我要申请吉尼斯纪录"令我们笑得捂着肚子。好吧，劳老师就是这样一个人，同学们都喜欢他的幽默，他是一个好老师。

蒲晓琪（12岁，六年级学生）：老师是辛勤的园丁，培养着我们这些祖国的花朵。劳老师是我的电脑老师。在我心目中，劳老师是一个与众不同、可爱又严肃的老师。他讲课风趣幽默、形象生动，使我们的课堂气氛十分活跃。

雷嘉颖（12岁，六年级学生）：在我的眼中，劳老师是一个很幽默而又严厉的好老师。在上数学课时，他总是说几句幽默的话来调动同学们上课的积极性，然后很认真地讲课，把每个知识点都讲得很清楚。有同学犯错误时，他会和蔼地提醒那个同学。我们大家都很认真地听他讲的课。如果有同学犯了比较严重的错误，他会严厉地批评那个同学，并教育他应该怎样改正错误。虽然现在劳老师已经不再教我们数学了，但他依然教授我们的信息技术课。他既可爱，又与众不同！

（撰写：劳浩勋）

第三节　实施案例教学法，提高教学有效性

案例教学法是由古希腊哲学家苏格拉底最早开创的，这一教学法最早属于医学领域，后来广泛运用于法学、军事学、教育学、管理学等学科。案例教学法是教师通过采用案例引导来说明理论知识，学生通过案例的研究分析来加深对理论知识的理解的一种教学方法。在教学实践中，学生通过深入讨论，增加了感性认识，提高了分析、归纳、总结能力。

案例教学法不同于教师在课堂上举例说明，案例在案例教学法中占据中心地位，教师传授知识和培养学生能力的目的是借助案例研讨来实现的，而举例是为了证明理论的正确性，在教学活动中处于次要地位；案例教学是组织学生自我学习，锻炼综合能力的一种有效手段，而举例则是教师讲解知识的一种方法；在案例教学法中，学生的独立活动占了很大比重，这些活动都是在教师指导下进行的，如从案例的编写、选择、布置、组织讨论到最后的评价，无不体现出教师的指导作用，而举例完全是教师单方面的教学行为。

一、在通用技术教学中实施案例教学法的必要性

（一）实施案例教学法是通用技术课程理念的必然要求

通用技术课程是一门具有较强实践性的课程，注重理论与实践的统一。由于高中学生学习压力较大，动手的机会并不多，对生产实践了解得也不多，在目前这种有限动手、有限实践的教学现状下，案例教学法能通过展现来自实际的技术案例，将理论与实践结合起来，让学生在较短的时间内就能体验到技术活动的过程，启迪学生的思考，有效促进学生技术素养的提高。

（二）实施案例教学法是新课程教学理念的内在要求

新课程教学理念强调学生主动学习和合作学习，强调学生学习的主体地位

和教师的引导地位。在案例教学中，学生由被动接受变为主动参与，在阅读、分析案例和课堂讨论等环节中发挥主动性。教师由传授者变为组织引导者，既要选择好的"剧本"，符合教学需要的案例，又要在课堂讨论中审时度势、因势利导，让每一个学生获得最大的收效。

（三）实施案例教学法能有效推进通用技术课程学习评价的发展

当前通用技术课程一个较大的难题就是难以对学生的学习效果进行评价，案例教学法中的案例既有理论，又有实践，在对案例的学习讨论中能够较全面地反映出学生的技术素养。

二、案例的类型和选择

根据案例与教学环节的联系，案例可分为课堂引导案例、课堂讨论案例、课外思考案例；根据案例与讲授知识的联系，案例可分为描述型案例、问题型案例和混合型案例；根据师生在教学中扮演的角色，案例可以分为插入型案例、讨论型案例、模拟型案例。

由于精选和设置恰当的案例是实施案例教学的前提条件，也是保证案例教学效果的关键，因此案例一定要精心选择。具体来说，必须做到以下几个方面：

（1）案例要有针对性和典型性。案例的内容必须适应具体教学环节的需要，为教学目的服务。案例的情节有长有短，所涉及的范围或大或小，在案例中必须把事件发生的背景，以及案例反映的问题、矛盾和冲突提示清楚。同时，所选案例忌背景模糊、情节冗长、脉络不清、平铺直叙、枯燥乏味等不足。

（2）案例要贴近实际。要从学生的生活实际来选择案例，这样的案例才容易引起学生的共鸣，激发学生的学习兴趣。要从学生的学习现状来选择案例，难易适度，如果案例太难，学生会因知识储备不够而无从下手，只有消极等待课堂上的灌输，丧失参与的兴趣；案例过易，结果一猜便知，这不仅降低了教学要求，也会降低学生对案例的参与度。

（3）案例要尽可能真实。在课堂教学中所设置的案例要尽可能真实、具体，让学生信服，而"信度"提高了，"效度"也就自然提高了，从而达到案例教学的最佳效果。在教学中，教师要善于积累素材，可以把以前学生的作品作为案例，不仅真实，还可以增加学生的亲切感。

三、案例教学法实施的难点

（1）学生的学习习惯与案例教学法要求的不适应性。高度的参与性是案例教学的重要特征。只有学生积极主动地参与，才能确保案例教学的成功。由于国情和历史传统等原因，一些学生一时还不能完全适应这种教学模式的转变，容易出现少数学生的"搭便车"现象，这就需要教师在案例教学进行前做必要的说明和动员，鼓励学生积极参与到案例教学中来，并制定适当的分组和考核办法。

（2）教师的专业水平能力与案例教学法要求的不适应性。案例教学法对教师的知识结构、教学能力、工作态度及教学责任心提出了比传统讲授方法更高的要求，既要求教师具有渊博的理论知识，又要求教师具备丰富的实践经验，并将理论与实践融会贯通；既要求教师不断地更新教学内容、补充教案，又要求教师更加重视社会实际现状，对现实中的问题保持高度敏感，不断地从社会实践中寻找适宜教学的案例。目前，通用技术教师多是半路出家，不仅理论知识不扎实，实践经验更是严重不足，这些都极大限制了案例教学法的应用。

（撰写：凌星星）

第四节　在通用技术课程中开展学生设计
实践的意义及实施方法

在教育部颁发的普通高中新课程十五个学科课程标准（实验）中，《普通高中技术课程标准（实验）》赫然在列。《普通高中技术课程标准（实验）》是我国基础教育领域与时俱进、进行教育创新的集体智慧的结晶。普通高中通用技术课程的添设是此次普通高中课程实施的一大亮点。然而任何课程的生命力只有扎根于课程的教学实践中，才能保持持久、旺盛。在通用技术课程教学中开展学生设计实践对于较好地实施通用技术课程教学、有效达成通用技术课程目标具有重要的意义。

一、通用技术课程的基本性质是开展学生设计实践的理论基础

技术课程是一门立足实践、注重创造、讲究综合、体现科学与人文融合的课程，它以设计学习和操作学习为主要特征，是培养学生创新精神和实践能力的重要载体。

这里所说的操作学习是指人运用一定的工具对特定的实物对象进行操持和运作的一种学习形式，它立足于"做中学"和"学中做"，是技术课程最基本的学习形式。在操作学习过程中，学生通过对材料的认识、工具的运用、操作程序的把握及操作成果的评价等，获得具体的知识与技能，实现对技术过程与方法的领悟及掌握，以及对技术所蕴含的情感态度与价值观的理解及感悟。操作学习并不等同于机械的技能训练，它不仅强调"动手做"，而且强调"动脑做"，强调动手与动脑的紧密结合、科学与人文的有机统一。

设计学习是技术课程又一种基本的学习形式。设计学习的过程是发现与明

确问题、分析与解决问题、不断权衡和优化的过程。学生在技术课程中的设计学习中往往要经历对技术问题的发现与确认、制订设计方案、制作模型与原型、优化设计方案以及撰写作品说明书等具体的环节。在此过程中，学生的想象、怀疑和批判能力，学生将理念转化为方法、将思路转化为操作方案的能力，学生的比较权衡和交流的能力，学生运用所学知识分析和解决实际问题的能力，以及对技术的探究与创新的意识和能力，都将得到良好引导和有效开发。

二、在通用技术课程教学中开展学生设计实践是完成通用技术课程目标的必然要求

课程的目标不是空中楼阁，它必须融合在通用技术教学过程中，依靠课程的教学实践去达成。通用技术课程追求的五大目标是：①技术的理解、使用、改进及决策能力；②意念的表达与理念转化为操作方案的能力；③知识的整合、应用及物化能力；④创造性想象、批判性思维及问题解决的能力；⑤技术文化的理解、评价及选择能力。显然，单纯的理论讲解和案例欣赏不能使学生经历知识生成的过程，如果缺乏使学生把知识内化的情境，也就很难达到通用技术课程所追求的五大目标。

可见，在通用技术课程中开展学生设计实践不仅是可能的，也是必然的。那么，作为一线教师，我们该如何去开展学生设计实践呢？我觉得关键在于抓好以下三个方面：

（一）精心选题，激发热情

学生设计实践的选题在很大程度上决定了学生参与设计实践的热情和设计实践的教学效果。设计实践的选题要注意与学生现有水平相一致，使所有学生能够参与其中，能运用现有知识解决问题。在确定选题时，具体需要考虑以下几个方面的问题：

1. 设计目标

通用技术课程既追求学生技术意识的增强，又强调学生技术工具操作能力的提高。但现实是，一方面，学生家庭中普遍缺乏技术工具，学生生活中也缺乏使用技术工具的氛围；另一方面，普通中学普遍都缺少技术工具的配备。在这种情况下，我认为过多地强调技术操作能力的培养会使目前已经开展较为艰

难的通用技术课程又要受到技术工具的限制，使课程的实施陷入更加艰难的境地。对于学生设计实践的培养目标，应该重在技术意识的培养，在学生设计思路的引导上和设计作品的评价中都要偏向技术意识方面。对于学生技术工具操作能力提高方面，应该局限于要求学生掌握常见的技术工具，如螺丝刀、老虎钳等的正确使用方法和技巧。

在学生台灯设计实践时，我引导学生，把注意力多放在台灯的创意方面，技术上粗糙一点没关系，哪怕不会用电烙铁连接电线，也可以直接用胶布把电线粘在一起；鼓励学生多用自己做的东西，多一些DIY的成分，少一些现成的标准件。结果学生交上来的作品果然不乏创意的作品，台灯的原创成分非常高。在学生设计的台灯中，有的外形亮丽，有像刺猬一样的，也有像工艺品一样的；有的结构奇特，可以很随意改变台灯形状；有的材料新颖，灯座和灯罩是用椰子壳做的；有的控制"原始"，用铅笔芯自做的变阻器控制台灯亮度。学生的设计能力爆发出耀眼的火花。在广州市电子制作竞赛中，我送去参赛的几个作品全部获奖，其中一等奖1个、二等奖1个、三等奖7个。

2. 材料

学生设计实践的材料应该遵循经济、安全、方便收集等原则。在学生台灯设计实践中，我鼓励学生多使用废弃的物品做材料，限制台灯的成本不能超过5元钱。学生普遍都能做到废物利用，有的学生使用废弃的饮料瓶，有的学生使用废弃的包装盒，还有的学生使用废弃的硬纸盒。为了保证学生的安全，在台灯的电源方面，我限制学生只能使用3V电池，有效地防止了安全事故的发生。

3. 工艺

限于学生生活经验和学校、学生家庭技术工具的缺乏，在工艺加工方面，应该局限常见的工艺，提倡多使用废纸。对于常见的技术工具，要求学生掌握正确的工艺；对于学生使用现有工具无法处理的工艺，鼓励学生想办法，有创意地解决问题。

学生设计实践的题目选择好之后，教师还要采取一些技巧来激发学生的兴趣。例如，学生的台灯设计实践是我布置给他们的第一次设计实践，为了激发他们参与的热情，我利用网络找到其他学校学生做的一些好的作品图片展示给他们看，激起他们的好胜心。在实践任务布置了一段时间后，针对部分学生进展较慢的情况，我适时地拿出一些已经提前交上来的比较好的学生作品在各个班进行展示，进一步激起他们的好胜心，增强了他们克服困难的信心。后来，绝大多数学生都能够按时并认真地完成设计实践的作品。

（二）关注过程，适当引导

学生的知识有限，动手实践的机会也不多，在设计实践中，学生不可避免地会遇到这样或那样的问题，这就要求教师在适当的时候能够给予一定的指导。

学生的桥梁设计实践是在课堂中进行的。在巡视的过程中我发现，由于把木块和大头针给学生当锤子和钉子用，学生使用时，大头针比较小，用手扶住不是很方便，于是我便指导学生用筷子夹住大头针，效果果然比用手扶要好一些。

学生的台灯设计实践是在课外进行的。有学生在下课时间找到我，说想自己做个圆形的纸灯罩，但是苦于不知如何定形，于是我就启发学生，可以先用气球做模，把纸附在气球表面，定好形后，再把气球拿出来。后来学生在实践中，把卫生纸弄湿，一片一片地附在气球表面，再涂上一些白乳胶，等纸干了之后，再把气球拿出来，做出了一个很漂亮的艺术造型台灯。后来在全级展示这个作品时，所有学生都惊叹不已。虽然这个灯罩只放了两个月的时间就坏了，但是在这个过程中，学生学会了创意解决问题的方法，体验到了成功的喜悦。

（三）作品展示，全面评价

学生的每一份设计实践作品都包含着学生辛勤的汗水，学生对自己的作品也格外爱惜。教师要给学生展示作品的舞台，让每个学生都能体验到成功的喜悦，这样做一方面是对学生努力的肯定，另一方面也能够激励学生今后更加认真、积极地参与到设计实践之中。

对于学生设计实践的评价，要注重过程性和全面性。以往评价过程中存在的问题主要有过分强调甄别与选拔的功能，而忽视了改进与激励的功能；过分关注对结果的评价，而忽视了对过程的评价；过分关注评价的结果，而忽视了评价过程本身的意义；评价方法单一，过于注重量化，而忽视了评价主体多源、多向的价值等。

在学生台灯设计实践作品评价中，我设计的评分表格，如表2-4-1所示。

表2-4-1　作品评分表

作品名称：		作者：	
评价内容	自评	小组评	教师评
收集和整理资料的情况（15分）			
设计过程中克服困难的态度（10分）			
设计方案（15分）			
设计理念（10分）			
材料（10分）			
工艺（10分）			
作品外形（15分）			
作品功能（15分）			
总分： 等级： （A：90~100分　B：80~89分 C：70~79分　D：60~69分 E：60分以下）			

　　评价的主体多元化了，评价的内容过程化了，评价的目的才能真正回归到促进学生的发展。

　　一年的教学实践证明，利用学生设计实践这种教学形式去实现通用技术课程的目标不仅是可行的，也是有效的。当然，存在的困难还有很多，我相信教育改革中出现的问题也只能在教育改革中去解决。通用技术课程作为一门全新的课程，需要广大一线教师投身于新课程改革的实践中，在教学实践中积极思考，努力去发现问题、解决问题。

（撰写：凌星星）

第五节　以电脑机器人教学活动 为载体进行科技教育的探索与实践

当今世界综合国力的竞争归根到底是科技的竞争，也就是科技教育的竞争。一个民族科学素质的提高仅靠个别精英分子是远远不够的，中小学科技教育应该面向全体学生，要对全体中小学生施以不同层次、不同内容、适用范围广泛的基础科技知识和方法教育，使他们成为具有良好科学素质的现代公民。

那么什么是科技教育呢？我们认为，科技教育是素质教育的一部分，它是以基础教育为依托，通过科学教育和技术教育的协同，培养现代化科学技术人才的教育活动，是以传授科学知识和方法，培养学生的科学观念、科学态度、科学思维以及科学实践能力为目标的教育组织形式。

一、以电脑机器人教学活动为载体进行科技教育的优势

（一）机器人技术结合了多学科的知识

智能机器人是现代高科技的集成体，是21世纪的科技制高点之一。智能机器人集成了数学、力学、机械、电子、自动控制、传感器、通信、计算机、人工智能等知识，是众多领域的高科技，能有效培养学生的动手能力、创造能力和协作精神，使学生学习到多方面的科技知识，破除现代科技给青少年带来的神秘感。

（二）机器人技术易于培养学生的科学创新思维

科技教育的核心在于创新教育，以乐高机器人为代表的组装机器人能够充分发挥学生的创新思维，学生能够根据自己的想法设计自己的机器人，充分挖掘创新的潜力，体验创新的快乐。

（三）机器人技术能够提高学生对科技的兴趣

对于学生而言，机器人活动相比网络游戏的挑战性更高、成就感更现实、动手操作更全面、团队合作更快乐，特别是具有网络游戏无法相比的魅力——无限的空间和创新精神，能有效地预防青少年的网络综合征，把学生从暴力的网络游戏中带回来，由家长引导他们学以致用，把聪明才智运用到掌握先进科技知识的正确轨道上来。学生一旦接触机器人，便会乐此不疲。

二、 以电脑机器人教学活动为载体进行科技教育的实施

学校的大力支持对于电脑机器人教育尤为重要。对于学校而言，要搞好机器人教学工作，主要抓好"四个一"方案。

（1）设立一个专管机构。机器人教学工作对教育设施的要求比较高，需要涉及多方面的协调工作。有了专管机构，才能够协调学校各方面的工作，保证机器人教学工作的有效开展。

（2）建设一支师资队伍。教学的主导是教师，现阶段并没有专门的机器人教学教师。在学校中选拔有某些特长的教师进行培训，培养一支过硬的师资队伍，能够为机器人教学的开展提供有力保障。

（3）制定一个激励政策。现代管理学强调以人为本，良好的激励政策能够充分调动与机器人教学相关教师的主动性和积极性，从而推动机器人教学的不断进步。

（4）搞好一个比赛活动。学校组织相关的比赛，一方面反映了学校对这一工作的重视态度，能够吸引更多的学生参与到机器人活动中去；另一方面也可以挖掘优秀学生，为机器人教学起到良好的示范作用。

在实际当中，我们怎样去实施以电脑机器人教学活动为载体的科技教育呢？我们认为，可以遵循以下几个原则：

（1）与课程相结合。高中信息技术课程新课标的总体目标是提升学生的信息素养。三维结构目标是知识与技能、过程与方法、情感态度与价值观。这些在机器人教育活动中可以得到完美结合，机器人教育符合信息技术课程新课标的教学目标和教学任务。

在实践中，可以把机器人教育与物理等传统学科进行整合。例如，在学生学习了《运动的快慢——速度》之后，可以利用电脑机器人进行一堂测试机器

小车速度的物理实验课，也可以把机器人技术作为新课标的信息技术课程进行教学。例如，用机器人程序设计课去代替传统的BASIC语言教学课。

（2）循序渐进，发扬特色。机器人教育的内容丰富，现有的各种参考资料不仅多，而且杂乱，那么怎样才能实施更为有效的机器人教育呢？我们认为，不能贪大求全，在实施的时候必须确定重点方向，根据本学校的特点，重点突破，强调突出自己的特色。例如，我校电脑设备较好，机械加工设备缺乏，于是我们把机器人教学的重点放在机器人程序设计方面，发掘程序设计的特色。

（3）以科技竞赛扩大影响，促进发展。以竞赛活动促进教学和培训活动，通过竞赛促进知识的掌握、技能的提升、技术的交流，选拔人才，培养学生的动手能力和创新精神。在当前的教育机制下，机器人教育要发展壮大，必须获得更为广泛的认同和支持。通过竞赛的形式，学生可以得到自我的满足，从而使教师的工作得到学生和家长的支持，同时学校的声誉可以进一步远播，从而得到学校领导和同事的认同，为机器人教育可持续性发展打下坚实的基础。我校除了参加市、省、全国的机器人竞赛之外，每个学期都会举行一次较大规模的校内机器人竞赛活动，既检验了机器人教学的成果，又扩大了机器人教学在学校的影响。

下面以我校为例，讲一讲以电脑机器人教育活动为载体进行科技教育的具体实施。

（1）课程归类。校本课程。我们编写了广州一中机器人教学用书和实验用书，以方便我们的教学工作。

（2）场地。专门的课室，面积约120平方米，分为组装区和竞赛区，配备10台电脑。

（3）场地方案。

【方案一】在教室内就地取材。例如"机器人走迷宫"，可以让学生用自己的凳子随意在地面上组合成一个迷宫。这不仅解决了场地问题，而且学生在组合迷宫的过程中，既要设计机器人行进的路线，分析自己搭建的场地是否合理，又要反思自己的编程设计能否解决问题，这对提高学生的分析能力、巩固知识很有帮助。

【方案二】采用简易材料制作小型活动场地。例如，在"机器人小导游"

项目中，设计的情境是由机器人带领游客浏览1~2个景点。我们直接在地面上贴上三块不同颜色的圆形贴纸，贴纸上写着地名作为旅游景点。学生调整好的机器人在该场地上由第一个圆进入第二个圆，停顿数秒后，再转入第三个圆，效果非常好。同理，根据机器人任务的不同，我们可以相应地使用塑料、卡纸、瓶罐等材料，直接在纸上或地面上制作出简易的小型活动场地，以满足课堂教学需要，实现低成本、高效率。

【方案三】标准比赛场地。由专业人员制作一些木制比赛场地，这些场地的材料较好，制作比较精细，可以用作课堂教学中的比赛及专业竞赛。我校共制作了三块标准比赛场地：一块机器人赛跑场地、一组台阶和一块综合比赛场地。其中，综合比赛场地可以组合拆分应用于不同的比赛项目，如"机器人走迷宫""机器人投篮""机器人走黑线"等，实用价值比较大。

（4）器材方案。包括乐高9794套装2套、9786核心套装5套、GP超霸充电宝2套、1600毫安充电电池2组。如果机器人教学的重点是放在机器人的设计方面，可以选用开发自由度更大的中鸣机器人或广茂达机器人等。

（5）组织和管理方案。机器人课堂教学中除使用核心模块外，一般还要用到各种各样的零配件。以乐高机器人核心套装为例，一个小组的活动器材零件就多达217个。由于学生在装配搭件、调整修改、欣赏学习、搬运等过程中极易出现零配件缺损。因此，器材管理到位是使教学正常进行的重要保障。我校在开课的第一学期结束时，每个小组的器材都有不同程度的缺少现象。针对这一情况，我们总结经验，制定了《智能机器人操作手册》和《智能机器人活动手册》，这个学期开学第一课就发给每个小组一本，要求学生严格按照手册条例使用和管理器材。半个学期以来，十个活动小组中只有两个小组各缺损了一个轮子。依据操作手册，我们对这两个小组的相关责任人员进行了处罚，不但教育了学生，更促进了器材规范管理。

《智能机器人操作手册》通过具体的规章制度来规范学生的课堂活动，以培养学生养成良好的操作习惯，并保障机器人器材的完好。其具体内容有：课堂活动分组要求；小组成员分工及相关职责；智能机器人活动步骤；智能机器人搭建、调试要求；智能机器人竞赛场地规格及使用要求；智能机器人器材出借要求；课堂表现奖励和惩罚机制；智能机器人器材保管责任条例；学员评价操作细则；"机器人小小工程师"评选规则等。

《智能机器人活动手册》用于记载每次活动的情况，具体内容包括活动时间登记表、活动过程记录表、研究成果汇总表、总结评价表（自评、互评、师评）、附件清单（相关数据资料）、设备使用反馈单、特殊器材申领单等。要求学生每节课对有关项目都要及时记录，并分析整理出经验、体会，以培养学生分析问题、解决问题的能力。

（6）电脑机器人教学的内容。教学内容主要分为两大部分：机器人基础和机器人项目设计。机器人基础又分为机器人结构、机器人传感器、机器人程序设计三部分。这部分内容主要是让学生学会电脑机器人的一些基本知识，为机器人项目设计的学习打下基础。在机器人项目设计部分，我们精心选择了"最快小车""机器人走迷宫""机器人小导游""机器人灭火""机器人投篮""机器人抢险""机器人足球""火星探险""创意机器人"等常规项目。通过这些项目的学习，进而达到电脑机器人教学的主要目标。

（7）电脑机器人教学目标的设定。因为机器人教学的重点不在于让学生学会很多机器人的知识，而是着眼于科技教育。所以，教学目标要突出科技教育的内容。那么怎样去设定教学目标呢？以"最快小车"机器人项目为例，我们设定的教学目标如下：

① 科学态度。使学生养成严谨求实的科研作风，激励学生根据事实大胆设想、勇于创新的科学精神。

② 科学知识技能。初步了解汽车内部基本的机械结构和传动原理，认识到系统内部存在能量损耗。

③ 科学方法能力。学生运用控制变量法和实验的方法，提高发现和解决问题的能力。

④ 科学行为习惯。让学生体验理论源于实践，又指导实践是科学研究的必经过程，并养成良好的学习习惯。

（8）电脑机器人教学的方法。教育方法必须体现现代教育思想，常用的方法有发现法、创造性探讨法、角色扮演法、模拟创造法等。

① 发现法，也叫假设法、探究法、解决问题法、引导发现法等。它的含义是：在教师的指导下，学生像科学家发现真理一样，通过自己的探究和学习，主动发现事物变化的起因和内部联系，从中找出规律。在这个过程中，体验发现知识的理智感和完成任务的胜利感。例如，在"最快小车"机器人项目教学

中，我引导学生通过不同的小车去总结影响小车速度的几个因素。

② 创造性探讨法，又称创造性探讨教学模式。由于它的操作程序强调"发问—思考—探讨—创造"这样一条主线索，因此教法本身就要突出创造性和探讨法。

③ 角色扮演法，就是用演出的方法来组织开展教学。要运用小品、短剧或实现模拟等形式，寓科技教育于表演过程中。把科学性、知识性、趣味性巧妙地结合起来，使教学过程生活化、艺术化，使学生在角色扮演和角色交往中，学习科学知识，激发科学兴趣。例如，在"火星探险"机器人项目设计学习中，我让学生来扮演太空研究员的角色，一方面通过小品等形式来展示他们对火星的研究内容；另一方面，亲自设计火星探测机器人，进行火星探测竞赛。

④ 模拟创造法，是指根据科学教育内容的要求，向学生提供必要的工具和材料，指导学生运用已掌握的科学知识和技能，按照自己的意愿和想象，独立或协作完成某种科技作品（模型、实物、论文、图形）。运用模拟创造法开展教学活动，既能激发学生的学习积极性，锻炼和提高他们的思维能力、想象能力和动手能力，又能够通过模拟创造的全过程，全面检验考核学生智力因素和非智力因素的发展水平。模拟创造法的出发点和落脚点都应该是创造。在教学过程中，要坚持教学生敢于想、善于想、勇于实干，要多欣赏、勤鼓励、耐心帮助学生。在任何情况下，都没有理由伤害学生纯真的心灵和创造热情。在"创意机器人"机器人项目学习中，我就大胆鼓励学生联系自己身边的生活，构思自己的机器人，并去设计实现它。

（9）电脑机器人教学活动的评价。因为电脑机器人教学活动强调学生的自主性和动手过程，是一种现代学习的教学活动。所以教学评价的主体不能只是教师，还应该包括学生本人和小组成员；教学评价的对象不能只是学习的结果，还应该包括学习的过程；教学评价的重点不在于对学生学习做出好坏的区别，而在于怎样更好地促进学生的发展和学习潜力的挖掘。

以"最快小车"机器人项目为例，我们设计了两个评分表格，如表2-5-1、表2-5-2所示。

表2-5-1　机器人项目评分表

评价内容	可行性	实用性	创新性
设计方案的生成			
设计方案的改进			
设计结果			

注：可行性：问题是能够被研究的，存在现实可能性。

实用性：经过实践的验证，设计方案确实有效。

创新性：有自己独到的见解和独特的解决方式。

表2-5-2　实验方法评分表

评价内容	萌生	运用	施用	评价
分析影响因素				
控制变量法				
实验法				
创新方法的体现				

注：萌生：指学生在与外界接触中初步产生的能力外显。

运用：指学生无把握完成某一具体任务时，对方法的运用。

施用：指学生有把握地使用方法去实际完成某一具体任务。

评价：指学生对任务完成状况的判断。

评价方法的指导：

① 以班为单位，在进行一系列问题的处理后给予评价。

② 在授课过程中，以某几个小组为研究对象给予评价。

③ 在评价过程中，注重对学生掌握方法的评价，尽量避免新知识对掌握方法的影响。

④ 提倡运用新掌握的科学方法学习新的知识。

⑤ 对于创造性的设计给予足够的重视。

⑥ 在活动过程中，能够运用科学方法迁移出新方法。

三、在现行教育体制下开展电脑机器人教学活动所面临的困难

（1）政策。国家对于机器人教育还缺乏政策的支持，目前在机器人教育方

面各地情况相去甚远。

（2）观念。虽然我们努力去改变应试教育，但是从教育主管部门到学生家长，应试教育的阴影始终没有抹去。只要不是高考考试的范围，都缺乏足够的重视。

（3）资金。机器人教育的设备较为昂贵，要普及的话，资金是个很大的困难。

（4）管理。机器人教育强调开放性和活动性，对于学生和器材的管理也将是我们所面临的一个难题。

（5）新的教学形式和评价标准。机器人教育不同于传统学科的教育，其历史很短，经验很少，如何开展教学、如何进行评价都是我们要不断探讨的问题。教师要转变观念，作为组织角色，让学生作为活动主体；教学方式主要采用任务驱动；教学评价可采用过程评价……这些具体的实施都需要我们在实践中继续摸索。

虽然我校开展课题研究的时间不长，但在实践当中，我们已经很明显地感受到了以电脑机器人教学活动为载体对学生进行科技教育的优势。参加过机器人小组的学生在科技素养方面表现出了一定的优势，主要体现在以下几个方面：

（1）学生学到了较多的现代科技知识。9个机器人项目设计学习完之后，学生学到了机械原理、人工智能、自动控制、计算机等一系列科学知识，认识到了生活中的许多科学知识，为他们将来进一步学习打下了基础，一些学生甚至已立志于将来要成为机械工程师、自动化专家、计算机专家等。

（2）学生对现代科技的兴趣得到了提高，对身边的科技，学生都充满了好奇心。正如一些学生所说，现在看见弟弟、妹妹的玩具就想拆开来弄清楚原理。学生们也经常会为了解决一个机器人设计上的问题而废寝忘食，学习态度一改过去"要我学"为"我要学"，学习的主动性得到了发挥。

（3）学生的科技意识得到了提高，在生活中乐于用、善于用现代科技来解决问题。机器人小组的学生在各自所在的班级都是电脑高手，他们在研究性学习等活动中都利用电脑技术展示自己的学习成果，获得了同学和教师的一致好评。

（4）学生的科技能力得到了提高。在我校学生参加的广州市中学生科技能力测试中，机器人小组学生的平均成绩明显高于没有参加过机器人小组的学生。多年来，电脑机器人小组的学生在各类电脑机器人竞赛中均取得了优异的成绩，在2003年更是取得了全国青少年电脑机器人竞赛创意赛三等奖的好成绩。此外，小组成员还代表学校在广州市信息技术奥林匹克竞赛、广州市中小学生电脑制作大赛、广州市"壳牌"美境行动方案征集比赛、广州市物理研究性学习成果展等科技竞赛中取得了优异的成绩，表现出了良好的科技能力。

在课题研究的过程中，虽然面对的困难很多，但是我们很庆幸能够走在新课标改革的前沿。有了区科技局和学校领导的大力支持，我们有信心能够充分利用现有的经验，不断完善相关的理论，争取早日在学校全面实施以电脑机器人教学活动为载体的科技教育，让更多的学生享受到教育改革的成果。

（撰写：凌星星）

第六节　以电脑绘画启蒙中华传统文化

一、现状与意义

中华传统文化是中华文明成果根本的创造力，是民族历史上道德传承、各种文化思想、精神观念形态的总体，在儒、佛、道三家文化的基础上派生出的各种艺术形式（如绘画、书法、戏剧、节日等）是其具体表现形式。曾有人类学家给文化下了定义：拉德克利夫·布朗，A.R.认为，文化是人们在相互交往中获得知识、技能、体验、观念、信仰和情操的过程。弗思认为，文化就是社会。社会是什么，文化就是什么。文化有繁荣的时候，也有衰败的时候。现在，随着电子产品的出现以及它们对中华传统文化的冲击，我们作为中华儿女，要好好地守住老祖宗给我们留下的文化遗产。

要让传统文化与年轻人建立更深层的连接还有很长的路要走。2018年，传统文化以一种意想不到的方式闯入了"90后"与"00后"的视野。"王者荣耀"游戏为杨玉环设计的敦煌"飞天"皮肤获得了众多玩家的喜爱，游戏与传统文化的结合吸引了年轻人对传统文化的关注，共青团中央发起的"中国华服日"活动吸引了1.4亿人次在微博上打卡和讨论，新媒体的传播扩大了传统文化的影响力……它们在获得关注的同时，也展示了中华文化的独特魅力。不仅视频平台、游戏等领域联动，动漫也自然成了年轻人与传统文化连接的桥梁。一大批以传统文化为主题的动漫故事如雨后春笋般涌现了出来，如以围棋竞技为题材的漫画《女九段》、以故宫文物迁移为主题的《故宫回声》、讲述敦煌历史的《风起鸣沙·敦煌曲》，中华传统文化给动漫领域注入了新的活力。游戏、动漫、视频的创作基础是电脑绘画，主要借助电脑进行绘画创作，能制作出颜色丰富、画面细腻、效果奇特的作品，而且修改非常方便，保存、复制和传播也非常便捷。

二、目标与作用

孩子们大多喜欢看漫画书，而家长和教师则希望他们多读文学经典，面对两种不同的阅读内容需求，家长在给孩子选择书单时常会犯难。外国比我国更早去尝试解决这个问题，如在"漫画世界名著"系列的一些书目中，将看漫画和读文学合二为一，让孩子以形象生动、活泼有趣的方式去阅读大仲马、莎士比亚等文豪家喻户晓的作品，孩子开心，大人也放心了不少。在国内公办小学的电脑绘画课程模块里融合中华传统文化必然会产生一系列的积极影响。

（一）有利于传承和发展中华传统文化

《中国动画产业终极报告》提出："动漫市场在中国应以幼儿和青少年为主，要走向世界，就必须发展民族特色。"目前，中国新型漫画代表大多已很好地融合了民族传统和现代信息技术这两大元素，越来越受到人们的青睐，为中华传统文化的传承和发展做出了一定的贡献。

（二）有利于从小培养动漫人才

北京电影学院动画学院院长孙立军曾言："希望学生们能够由衷地热爱动漫事业，要探出一条属于中国动漫的道路。中国有3.75亿儿童，中国的动漫人才肩负文化传承的使命。"笔者在越秀区、番禺区、花都区、荔湾区共6所小学（4~5年级共12个班）、2所中学（初二2个班、高二2个班）的取样调查中发现，100%的学生已掌握电脑绘画技能，24.62%的学生曾尝试画漫画人物，但仅有3.9%的学生曾尝试创作动漫。如果在电脑绘画的学习中，我们能让学生高度融合美术、中华传统文化等诸多元素，从小培养动漫人才是符合学生年龄特点的，也有利于中小学动漫人才培养模式的构建和具备中华文化背景的复合型动漫人才的培养。

（三）有利于培养学生解决问题的能力

融合传统文化与漫画风的电脑绘画课程能有效整合信息技术、美术、思政、历史、语文等多门学科的知识，培养学生跨学科学习的能力。在创作融合传统文化电脑绘画过程中，学生需要去了解传统文化的内容，提高对文化的理解能力；学生需要进行绘图内容的构思，提高想象力和创造力；学生需要去学习漫画风格和表现形式的知识，学习电脑绘画软件的使用技巧，融合传统书画技法，提高创意表达的能力，最终实现学生多种能力的提高。

三、实施方略

（一）各级教材的编写

目前，电脑绘画已纳入我国的《中小学信息技术课程标准》，多地教材的电脑绘画模块里已嵌入中华传统文化。例如，在《广州市信息技术教科书》里，就利用"古朴西关屋"学习多边形与文字工具，绘画满洲窗、门饰、对联等。再如，在越秀区立体学区教材《中小学电脑四格漫画》里，利用"舞狮的由来"学习漫画创作的"起、承、转、结"以及上色的技巧。

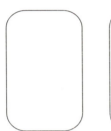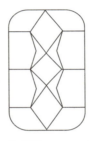

图2-6-1　满洲窗

图2-6-2　舞狮的由来

根据标准解读，笔者团队初步制定了校本教材目标要求。

表2-6-1　校本教材教学目标

学段	范围	兴趣特长	应用技能	信息素养	技术创新
小学	4~6年级学生	激发兴趣，保持学习动机	掌握绘画常用软件/工具的应用技能	体验信息活动，形成信息意识	勇于质疑的问题意识，敢于尝试的创新精神
↓		↓	↓	↓	↓
初中	具备相应软硬条件的初中	巩固兴趣，发现特长	拓展+提升，初步具备创作能力	自主选择，综合运用	创新能力培养，改进，动手创新
↓		↓	↓	↓	↓
高中	社团活动	专业学习和发展兴趣	自选动漫或游戏主题，自选（学）软件进行创作	信息→知识→智慧	某一电脑软件，某一传统文化

（二）有效教学模式的构建

首先，任务驱动是现时国内中小学信息技术课堂中重要的教学法，笔者团队尝试在电脑绘画教学实践中有目的地利用任务驱动法，对中华传统文化进行分类，如表2-6-2所示。

表2-6-2　传统文化类别

分类	传统习俗	传统建筑	传统文艺	传统思想
含义	在一定社会群体中约定俗成、世代相传的风尚、礼节和习惯	某一时代需求与审美、根据地域生活习惯以及技术水平所凝固的艺术	是民族精神的火炬	在长期历史积淀中形成的理论观点、学术思想和道德观念
地位	是传统文化的基本形式之一	是展现中华传统文化的重要标志	是中华民族灿烂文化的重要组成部分	已经成为中华传统文化中一个非常重要的组成部分

笔者团队参照陶行知先生提出的"生活即教育"，探索形成"文化体验，动漫融合，技能学习，动手创作"的教学形式，以学生的学为主，采用"文化赏析（改创）—看（跟）我做—小秘诀—想想看—自己画—分析（点评）"的教学流程。

（三）课程资源的整合和共享

一是各级课程资源的共享。中华传统文化资源是中华民族的共有财产，它在特定区域内应该是共有的，各区之间、学区之间、学校之间的共同开发应逐步形成一种协作基础。

二是开发改编学科的相关内容，创编学生需求的生活与社会资源。

	孝庄文皇后，清太宗爱新觉罗·皇太极之妃，是史上有名的贤后，一生培育、辅佐顺治、康熙两代君主，是清初杰出的女政治家	旗装，是所有旗人（男女老幼）统一的一种袍式服装。"旗装"又叫"旗服"，分为单、夹、皮、棉四种	清女装常服:衣服的领边和襟边普遍使用纽扣，襟边不外露
绒花是一类假花的总称，绒花又谐音荣华。在唐代被列为皇室贡品，到了清朝康乾年间，就成了网红款			
发簪：古代中国用来固定和装饰头发的一种首饰			

图2-6-3 《图像的拉伸与扭曲》任务素材1

杨贵妃（唐）　　宋太宗（宋）　　成吉思汗（元）　　马皇后（明）

慢束罗裙（唐）　官服（宋）　皇帝朝服（宋）　质孙服（元）　百子衣（明）

官帽（宋）　　发簪　　圆扇　　折扇　　折扇

尚方宝剑　长矛　斧头　灯笼　祥云玉佩　狮环玉佩

花卉纹样：多运用于女性的服饰，以增加女性的柔美感。

玫瑰纹样　牡丹纹样

动物纹样：通常用于男性的服饰，蕴含武力与权力的象征，被赋予了美好的寓意

孔雀祥云　舞狮子

图2-6-4　《图像的拉伸与扭曲》任务素材2

我们在提高对课程资源开发认识的基础上，抽取了同一年级的信息技术、语文、美术、历史等学科的相关要素，用活动化、情景化的手法进行二度开发改编，以学生的实际需求生成课程创编的资源，把单一的学科技能学习综合改编成注重体验和实践、跨学科的电脑绘画活动课程。笔者团队尝试开展融合跨学科学习的体验课活动，如将广西师大星图2001课标版五年级上册《多彩的服饰》、广州市信息技术教科书小学第一册第14课《图像的拉伸与扭曲》的教学内容进行整合，以"玩转唐宋元明清等五朝服饰"活动为主线展开教学，在任务驱动的过程中重视学用结合，体现师生共同探求新知、呈现多向互动的过程，让信息技术与创设的任务形成一个具有生命活力的整体，让学生在任务达标过程中培养自己热爱中华传统文化的感情，丰富自己的知识体系，促进自己信息素养的提高。

三是整合电脑绘画软件与绘画技法等。首先，电脑绘画可以通过不同的软件进行制作。学生教材里最常用的软件有Windows自带画图、Photoshop，拓展学习的还可以选择Painter、SAI等。其次，电脑绘画技法多样，在达到作品要求的前提下，最简捷快速的方法就是最佳选择。对某一绘画软件掌握得很好的学生会用电脑绘画软件制作，学过美术而对鼠标键盘不熟练的学生喜欢运用光笔画盘绘画，美术功底很深的学生可能会选择电脑绘画喷笔法、点阵法。后期，学生一般都会综合各种电脑绘画法进行创作，甚至尝试融合Q版漫画、山水画入门技巧，独创一些方法。

四、学习解读

通过视觉语言来表现中华传统文化已是司空见惯，而用动漫的形式来解读中华传统文化则属另辟蹊径，让学生同时学习电脑绘画与中华传统文化，能自主创作出自己喜爱的漫画作品，在体验到自己的价值时，就很自然地对电脑绘画与中华传统文化产生独特的兴趣，这需要一个过程。

笔者团队在调查中发现，很多家长依然有疑问：孩子创作的电脑绘画作品可能体现出有异于我们熟知的中华传统文化文学价值，这样是否会影响孩子文学素养的养成？笔者认为，文学素养的养成取决于内容是否适合孩子身心健康。借鉴外国漫画《夏洛克·福尔摩斯》，目的在于通过福尔摩斯的专心和高超的破案技巧，让小读者心悦诚服。回看我国二十世纪六七十年代的

《大闹天宫》《天书奇谭》《哪吒闹海》等基于民间传说、神话小说为脚本创作的动漫作品，将鲜明的民族风格和东方特色表现得淋漓尽致，成为几代人的童年经典。

综上所述，中华传统文化与电脑绘画相结合成为一种必然，它们都已成为当下国内课标的内容，既与当代学生所追求的表达方式贴近，同时又能传递传统文化内容中的正能量价值观，这应是学生学习动漫制作、故事创作、中华传统文化可持续发展的有效途径，也是传统文化在教育中的一种文化价值的回归。立足于"文化价值与教育价值并重"的学生观思想，笔者团队将发挥自身广州市名师工作室资源优势，带动中小学电脑绘画课程积极拥抱传统文化，让传统文化在信息技术教育领域里焕发生机。

（撰写：劳浩勋）

第七节　任务驱动法在小学信息技术课堂中的应用

——以《重复执行控制指令》一课为例

霍华德·加德纳提出的多元智能理论强调："智能是一种高级的、多维的问题解决能力或创造能力。"教师要设计有效的课堂任务，让每个学生在课堂中快乐学习，这样就必须遵循教学目标，充分考虑学生多种智能的发展。具体而言，即根据不同的学习内容，较好地把握过程与方法及情感态度与价值观等层面的目标，并将其有机融合，使其有效地指导教学任务的设计，让学生在与课堂学习、现实生活和社会实践密切相关的任务情境中学习知识，从而获得技能，提升素养。建构主义教学理论强调，学生的学习活动必须与任务或问题相结合，以探索问题的方式创建真实的教学环境，从而激发学生的学习兴趣。

一、任务驱动教学法在小学信息技术课堂教学中的作用

小学信息技术课程是一门具有实践性、创造性和鲜明时代发展性的课程。任务驱动教学法是一种建立在建构主义教学理论基础上的教学法，符合探究式教学模式，即让学生根据课堂任务发现问题、解决问题，进而掌握知识、提高技能。在小学信息技术课堂教学中运用任务驱动教学法，就是让学生真正成为课堂的主人，在一个个典型任务的驱动下展开教学活动，以引导学生循序渐进地完成一系列任务，最终获得清晰的思路、有效的方法和知识的脉络。在完成任务的过程中，学生运用计算机处理信息的综合能力不断增强，独立探索、勇于开拓进取的学习能力逐步提升，最终既提高了小学信息技术课堂的教学效

率，又完成了培养学生信息素养的教学目标。

二、任务的完成质量反映了小学信息技术课堂教学的达标程度

任务的完成质量与小学信息技术课堂教学的相关性表现在三方面：一是用于驱动的任务可将教师教的行为要求转变为学生学的行为要求；二是用于驱动的任务可将教师围绕教学目标的指导点拨转化为学生的实践活动；三是用于驱动的任务不仅可检测学生学习新内容的准备状况（达成新的学习目标需要的基础和存在的差距），更能检测学生学习后达成课堂目标的程度。总之，把握任务的完成质量与小学信息技术课堂教学的相关性是研究和设计有效的小学信息技术课堂驱动任务的重要前提。

（一）将教师的教转化为学生的学

在小学信息技术课堂教学中，教师依据教的行为要求设计有效的课堂教学任务，通过学生完成任务的形式，将教师的教转变为学生的学。

例如，教师设计动画"酷猫踢足球"的观察任务：动画中有哪些角色？它们在做什么？把要教的编程思路经过学生对情景动画"酷猫踢足球"的思考、分析整理为"谁"——足球、酷猫，"做什么"——来回滚动、来回跑动，再提出"怎么做"——用到哪些指令、如何编写程序。然后，通过学生完成"实现足球在球场上不停来回滚动"这一任务，把要教的"碰到边缘就反弹"动作指令、"重复执行"控制指令转变为学生的学习实践活动：如何让足球碰到边缘反弹回来？如何让足球不停来回滚动？在任务达标过程中，教师既可通过指导评价引导学生合作交流、分析归纳，又可培养学生的编程思维能力，还可根据任务的完成情况引导学生构建知识体系。

（二）将教师的指导点拨转化为学生的实践活动

在小学信息技术课堂教学中，教师依据教学目标设计课堂驱动任务，即教师的指导点拨融入课堂预设活动中，学生通过完成具有实践性的课堂任务，实现生成与预设的碰撞，又经教师当堂指导点拨产生新的生成。可见，用于驱动的任务可将教师的指导点拨转化为学生的实践活动。

例如，在实现"酷猫不停地来回跑动"的任务中，教师让学生猜想"酷猫不停跑动"与"足球不停滚动"的程序脚本是否相同、如何编写，然后让他们验证生成的答案，尝试用"只允许左右翻转""方向调节杆"等解决问

题。在学习"角色的左右翻转"的过程中，学生还提出"为什么酷猫碰到舞台边缘后就倒立着走了""为什么酷猫碰到舞台边缘后，虽然反弹，但逆向后退""酷猫能否沿不同方向跑动"等一系列问题，教师可引导学生进行实践探究，既可让学生明晰"只允许左右翻转"按钮的适用环境，更可尝试运用各种按钮达成的不同效果，进一步加深对角色旋转方向与方式的理解。这样，学生便在验证猜想与问题的实践活动中达成了学习目标，体会到了探究的成功与快乐。

（三）任务的完成质量反映了课堂教学的达标程度

学生完成课堂任务是其运用知识解决问题的实践活动，教师不仅可通过任务的完成质量检测学生学习新内容的准备状况（达成新的学习目标需要的基础和存在的差距），更可检测课堂教学的达标程度。

在导入新课时，教师为了检测学生上一节课的学习状况，以便合理调整教学过程，可围绕"酷猫踢足球"的主题，让学生尝试用"在0.01秒内移动10步"移动足球，既能了解学生对本课要用到的旧知的掌握情况，也可以让学生体验到已学知识不能实现足球来回滚动。

教师在课堂后期设计的相关任务可检测学生对本课知识点的掌握情况。例如，在"动手做"环节设计评价标准：A分：修改程序脚本，使酷猫沿上下方向追赶足球；A+分：新增木棉仔角色，与酷猫一起追赶足球；A++分：综合运用已学知识，如增加角色造型的切换，沿任意方向跑动等，让动画更逼真。通过这样的分层任务，教师既可有效检测课堂知识技能学习的达标程度，也进一步巩固了本课所学知识技能。

又如，在"试着做"环节设计了"3人足球赛""美丽的海底世界"两个动画场景，让学生运用已学知识对感兴趣的动画进行修改，采取个人探究或合作学习的方式解决在创作过程中遇到的问题。教师可设计分层的任务标准来检测学生运用本课知识的能力以及创新能力。第一层次是学生能用到"重复执行"等指令设计动画。第二层次是学生能综合运用已学知识如角色特效、造型切换、旋转方向与方式等知识设计动画。第三层次是学生能有自己的设计思路、理解重复执行指令的作用、掌握左右翻转的技术特点，让动画能凸显自己的个性。通过这样的开放性分层任务，教师既可有效检测课堂教学目标的达标程度，让学生深化对循环结构的理解与应用，也可选出具有代表性的作品进行展示点评，发挥多元评价对学生学习行为的激励和导向功能，让学生在正面引导的评价中体验成功的快乐，促进学生主体意识的发展。

笔者任教的六年级共有5个班，通过问卷星回收有效问卷183份（剔除特殊学生3人）。从统计分析的情况来看，本课知识技能方面的掌握情况与任务达标率是基本一致的。

表2-7-1　课堂任务达标率统计表

分层任务	任务一"跟着做"			任务二"跟着做"			任务三"动手做"			任务四"试着做"		
	完成	基本完成	未完成	完成	基本完成	未完成	A	A+	A++	A	A+	A++
人数	181	2	0	180	3	0	42	81	56	46	92	37
达标率	100%			100%			97.81%			95.63%		

备注：数据来源为学习任务单、小组评价表。

表2-7-2　课堂知识与技能达标率统计表

知识与技能	会用"重复执行"指令编写脚本		会设置角色遇到边缘就反弹		会设置角色只允许左右翻转		会在角色资料区调整角色方向	
掌握情况	会	还需继续学习	会	还需继续学习	会	还需继续学习	会	还需继续学习
人数	179	4	179	4	177	6	177	6
达标率	97.81%		97.81%		96.72%		96.72%	

备注：
1.数据来源为问卷星在线问卷调查。
2.表2-7-1"任务一'跟着做'"对应表2-7-2"会用'重复执行'指令编写脚本""会设置角色遇到边缘就反弹"的了解、理解情况。
3.表2-7-1"任务二'跟着做'"对应表2-7-2"会设置角色只允许左右翻转""会在角色资料区调整角色方向"的了解、理解情况。
4.表2-7-1"任务三'动手做'"对应表2-7-2所含知识与技能的掌握情况。
5.表2-7-1"任务四'试着做'"对应表2-7-2所含知识与技能的运用情况。

通过实际教学可知，由于有意识围绕课堂教学目标设计的任务能促进学生的达标学习活动，脱离教学目标设计的任务成为学生学习的干扰因素，因此还需进一步研究和思考三个问题：一是运用目标教学及有效性教学的理论成果反思小学信息技术课堂用于驱动的任务与学生达成课堂教学目标的相关性；二是运用学习心理学的研究成果探讨小学生的学习心理与设计有效的小学信息技术课堂教学达标任务的相关性；三是筛选、整理与达成小学信息技术课堂教学目标密切相关的、小学生乐于完成的课堂任务。

（撰写：劳浩勋）

第八节　电子小报的有效教学模式

中小学衔接教育是现代义务教育中的一个重要课题，因衔接工作不到位而引发的弊端成为学校、家庭和社会关注的焦点问题。随着《信息技术课程标准》的推行，国内对中小学信息技术课程教学的研究也日益增多。但是纵观国内已有研究，信息技术学科作为一门新兴学科，在中小学教学衔接方面的研究几乎属于空白地带，这是目前中小学信息技术课程改革需要解决的问题。笔者查阅中学和小学信息技术教材，发现只有电子小报教学内容有交集，于是我们遴选电子小报教学作为研究对象。募选广州市内83所不同类型（区域、办学性质、办学水平）的中小学，从信息技术教学环境、师资、学生素质等方面进行研究。

在研究中，我们充分认识到中小学信息技术教师、学生在思维、习惯、教与学的目的等方面存在的差异，为了消除这些差异对教学的影响，需要中学教师和小学教师共同构建电子小报的有效教学模式，营造高质轻负的课堂环境，共同引导学生在不同年龄阶段掌握正确的学习方法，培养其自主发展信息素养的意识。

在电子小报的教学模式中，国内常见的有任务驱动、自主学习、探究学习、协作学习等。

（1）在教学方法的实施方面，应该充分考虑中小学教材的衔接性。如果我们把教学比作绘画一棵大树，那么教材提供了树的主干，教师就相当于画家，可以根据自己对教材的领悟能力和学生的实际需要在树的主干上画上枝和叶。例如，在初中电子小报设计的教学中，教师可根据学生实情在课前对小学阶段教材中关于认识Word、输入文字、插入图片、制作表格等内容进行有目的的复习，以便让学生的编辑能力和排版能力获得持续性发展。

（2）信息技术类教材的变更因需要收集多方面的资料而导致编订周期较长，教材相对于飞速发展的信息技术来说有一定的滞后性。在这种情况下，为了培育与时代接轨的电子小报人才，教师不仅要利用好教材，还要根据教学任务达成教材验证和学生成果评价活动，重视校本课程的开发，根据实情构建教学素材库，逐步形成能衔接小学和初中电子小报教学的校本适用模式。

（3）以解决中小学信息技术电子小报教学问题为目的，引进学习型组织的理念，以网络备课等形式加强中小学电子小报教研备课组的建设，发挥团队合作精神，促进学习共同体的形成，有效解决现时因众多中小学只有1～2名信息技术教师而引起的教研难题。在建设好教研备课组的基础上，引导组内教师分析自己在电子小报教学中遇到的主要问题，在实践中共同寻找解决问题的策略。

（4）教学中需注意的问题。

① 制定好电子小报的教学目标。要进行有效教学，就不能脱离基本的教学目标，要引导教师对中小学电子小报各年龄段的教学内容进行认真、细致的分析，弄清各个知识点之间的关系，把握好各年龄段学生的教学过程与方法、情感态度与价值观两个层面的目标。

② 教学情景应联系学生的日常生活。教师在教学中应充分考虑不同年龄学生的认知规律和学习生活特点，统筹兼顾学生现有的知识水平、技能基础、认知能力、年龄、兴趣、习惯以及日常生活的实际情况等，创设源于学生真实学习生活中的情境，并引导学生根据实际需要解决问题。这样有利于激发学生的已有经验，唤起学生的学习欲望，让他们更好地改造重组自己的经验。

③ 教学任务设计应具备一定的难度和梯度。由于任务具有一定的开放性，每个学生完成任务的具体过程应该是不一样的，因此完成任务的结果也应该具有多样性。教师要在了解学生的基础上，对教材和教学内容进行加工和处理，使任务具有一定的挑战性，吸引学生的注意力，从而提高学生的课堂参与意识与热情。教师在设计任务时，要充分考虑到学生之间的差异，不仅要列出具体的基本要求，还应列出高层次的要求。学生在完成基本要求后，就可以根据自己的条件与需求，在任务的发展点做进一步发挥。

（撰写：劳浩勋）

第九节　以电脑四格漫画校本课程培养义务教育阶段学生的综合素质

一、现状与意义

国内的动漫作品在影响力与产业价值来说，无论是数量还是质量，相对国外都存在一定的差距，这是为什么呢？《2012—2016年中国动漫行业市场调查及投资决策报告》等大量文献都显示：中国爱动画的观众一般集中在3～25岁这个年龄段，缺乏中老年的观众。更严峻的是，由于缺乏早期培养而造成现时动漫创作人才在数量和质量上的奇缺。

但是，为什么在国内的动漫产品中，四格漫画发展得比较好呢？究其原因，是因为中国动漫产业发展得比较迟，起点比较低，最大的优势就在于中国五千年的文化底蕴。四格漫画是一种古老的艺术表现形式，它由新型漫画注入了新的生命力，既有张乐平、冯棣等老作者的经典代表作品，也有港台方王泽先生的《老夫子》、敖幼祥的《乌龙院》、古典文学与都市男女四格等。随着现代信息技术的发展，越来越多的电脑绘图软件为四格漫画提供了多元化的创作前景和广阔的发展空间，促进了电脑四格漫画的出现。电脑四格漫画很好地融合了现代信息技术和民族传统这两个元素，它的特点是创作相对简单，在人才紧缺的现阶段是比较容易出成效的，这正是电脑四格漫画从诞生开始就受到国内广泛关注的原因。

把电脑四格漫画定位为校本课程，就要以学校为本位，与国家课程、地方课程相对应。《广东省义务教育阶段信息技术课程标准》指出："义务教育阶段的信息技术课程是以培养学生信息素养、促进学生全面与持续发展为宗旨的基础性课程。信息技术课程的基本理念注重学科渗透，课程在内容和活动的编排、组织上应充分拓宽学习和运用的领域，强调不同学科知识与技能、过程与方法以及情感、态度与价值观的相互渗透。"这为开展中小学电脑四格漫画校本课程提供了生长的土壤，也为其教学内容与资源的组织、选编与开发提供了前提条件。

国内极个别的学校与培训机构有一些以美术教育为主的四格漫画初级课程取得了一些成果，但也存在一些问题，如广东省义务教育阶段信息技术优质课展评活动中以四格漫画为主题的课例，课堂上呈现的整合程度较低，学习效果并不理想。具体表现为：一是教学资源组织结构松散，未能形成系统性的支撑课程目标的资源；二是课程目标不清晰，现有资源设计与课程目标的对应关系也不清晰。简言之，就是因为四格漫画融入信息技术课堂还处于初级阶段，缺乏系统性、目标性、指导性的研究，这也是开发电脑四格漫画校本课程的价值所在。

二、目标与作用

电脑四格漫画校本课程依据陶行知先生提出的"生活即教育"，教学方法是"教学情景化、知识生活化、创作体验化"，采用适合义务教育阶段学生年龄特点的临摹与创作相结合的方法。其相关体系是概念界定，教学目标构建，教学形式、方法、流程探索，融合多学科知识教学与德育教育的尝试。教学出发点是从学生已有生活经验出发，挖掘能有效吸引学生眼球的课程资源，发挥这一校本课程的独特优势，培养学生的综合素质。课程的关注点是深入挖掘对培养学生综合素质起积极作用的内容作为教学资源，以适量、适合、适情为原则，让不同情趣志向、不同年龄阶段的学生能多元发展和选择发展。教学形式是"漫画体验，故事融合，动手创作"，侧重学生的多样性发展，注重开放的课内外相结合。教学流程是以学生的学为主，采用故事赏析（改创）—看（跟）我做—小秘诀—想想看—自己做—分析（点评）。

三、融合学科教学，提高知识水平

信息技术教育是培养学生信息素养、提高学生科学文化素质、培养信息社会高素质人才的重要举措。漫画教学能充分体现美术技能、创新思维、幽默感的教育功能。电脑四格漫画是信息技术与漫画整合的产物，是介于文字媒体与流媒体之间的一种电脑平面图形媒体，承载着体现美术技能、创新思维、科学文化素质、信息素养等诸多教育功能。

一是通过故事创作提高学生的阅读与写作能力。四格漫画之所以可以成为信息技术学科的一部分，是因为它与生俱来的独特的激趣功能，天然就是义务教育阶段教学中极富吸引力的课程资源。学生通过四格漫画本身的故事形式精心设计人物对话、组织语言，或者根据四格漫画进行看图写话，加强了漫画与语文等社会科学的联系。四格漫画独特的人文性能够有效地帮助学生形成正确的世界观，以及训练学生阅读、提炼、组织、想象等能力。

二是通过学习各种信息技术手段达成创意与技术的整合应用，提高学生的操作与表现能力。电脑四格漫画校本课程能有效推动诸多学科的教学与学生的学习，可以成为语文、数学、英语、科学、音乐等学科有效的辅助媒体资源。电脑四格漫画校本课程灵活地、合理地给各学科赋予了丰富的漫画内容，大大激发了学生对各门学科知识的学习兴趣，同时让诸多学科为漫画的教与学提供了众多的素材与更广泛的表现空间，增强了学科的整体吸引力和感染力，让学生主动学习、相互促进、共同提高，在漫画创作的实践和体验中提升各学科知识水平。

四、融入德育教育，提高道德修养

一直以来，学校对学生德育的教育基本依托语文、思品学科，而如果其他的学科要对学生进行思想品德教育，立刻会遇到两个问题：一是难以遇到合适的教育时机；二是缺乏合适的教育载体。在实践中发现，将德育结合到电脑四格漫画之中，通过与信息技术、美术、写作等知识教学进行整合，能较好地解决以上问题。四格漫画具有动漫作品自带的励志与心理调适功能，学生创作的漫画因与受众年龄相仿、处境相近，在故事创作与构图时不经意表现出的世界观能让同年龄的受众在欣赏作品的同时受到更大的感染，获得乐观向上的人生观。

传统的民族文化是本民族艺术的源泉，中国漫画要走向世界，就必须发展民族特色动漫。电脑四格漫画融合了现代信息技术和传统四格漫画的艺术表现形式，使用计算机中的绘图软件以四个画面分格来完成一个小故事或一个创意点子的表现形式，在表现上的特点主要强调叙事，用画面去表达作者的思想感情和对社会人生的认识。通过它来诠释民族文化的精髓是弘扬民族文化的捷径之一，正在形成个人价值观阶段的青少年更容易接受这种生动有力、有实例支持、信息交流便捷的漫画文化教育。我们创造性地通过不同种类的电脑四格漫画主题为义务教育阶段学生提供道德观念的载体，学生创作的作品保留了传统的幽默，摒弃了讽刺，更接近现代学生的情感价值观，以学生为中心进行创作交流，激发学生思辨道德问题，提高学生的道德认知水平。例如，开展"广府文化系列"电脑四格漫画创作活动，就是一个内容丰富而又易于小初学生接受的有效德育载体，不仅让学生了解了广府地区的本土文化，而且培养了学生传承与弘扬本土文化的志向。

五、培养学习兴趣，提高创新思维

长期以来，义务教育阶段的信息技术与美术教师一直都希望脱离小升初考试，以使中考的小科目变得更有吸引力，让学生的注意力更集中。四格漫画作品浅显易懂，极富艺术感染力的形象、精简的对白、幽默且富于转折的情节符合少儿的身心发展要求，让学生能轻松阅读，其强烈的故事性深深地吸引着义务教育阶段的学生，成为对中国近4亿儿童富有吸引力的课程资源。义务教育阶段的省市信息技术教材都有设置电脑绘画的相关教学模块，让学生具备了创作的基本技术能力。根据马斯洛需求层次理论，自身的需求是行动的动机。在信息技术课堂中引入四格漫画，由于四格漫画自诞生以来就是很受学生欢迎的事物，只有四个格子的漫画创作强度不大，从维果斯基的最近发展区理论来说，它是符合中小学生年龄特点的一门创作性课程，当学生具备了创作电脑四格漫画的信心、实力，能自主创作出自己喜爱的漫画作品，体验到自己的价值时，就很自然地对它产生了独特的兴趣。

电脑四格漫画校本课程用于培养学生综合素质，应该置于"实践—评估—开发"的不断循环中进行研究与开发。电脑四格漫画与文字媒体相比的优势在于直观形象，与电视媒体相比的优势在于方便。新型电脑四格漫画的风格采用灵活多变的形式，直接以画面代替了镜头，把信息传达给读者，其创作没有标准、模板，在注重技法的同时，更讲究原创精神，着重点子创意，用简单的画面、角色、对白来完成一个小故事，画面与角色不多，对白精简，几个格子就涵盖了一个事件的发生、情节转折及结局。创作电脑四格漫画更能训练人的创新思维，通过学习各种信息技术手段，达成创意与技术的整合应用，让学生在欣赏、创作漫画的愉悦环境中，持续扩展自身的创新思维。

（撰写：劳浩勋）

第十节　义务教育阶段App Inventor的教学策略研究

伴随着知识社会的来临，驱动当今社会变革的不仅仅是无处不在的网络，还有无处不在的计算、无处不在的数据、无处不在的知识。李克强总理在全国人大三次会议的政府工作报告中首次提出"互联网+"行动计划。移动互联网则成为实现"互联网+"的主要途径之一。移动终端软件开发是移动互联网的重要环节，在义务教育学校开展App Inventor培训，培养中小学生学习开发移动终端软件，正好为未来"互联网+"的发展提供了很好的基础。

一、教学思想

App Inventor是一款用图形化的界面来进行积木式编程的手机编程软件。笔者认为，随着科技的发展，智能手机已经融入人们的生活，青少年接触到它的年龄越来越低。在这样的时代背景下，掌握好App Inventor知识，可以开发出适合自己的应用，给生活和学习带来极大的帮助和便利。我们旨在义务教育阶段学生在动手编写App作品时，发展思维想象力、创造力、动手能力和探究精神，提高认知能力。同时在自己创作拼装作品活动中，获得成就感，体验到愉悦，增加学习兴趣，提高自信心；在团体创作作品时，能学会忍让、合作、坚持，增加人际交往能力，从而提高非智力因素。

二、方法模式

（1）由于项目组成员在培训之初遇到两个问题：一是教什么好；二是怎么教。因而，我们定位于开发校本课程，编写校本教材。校本教材分为四部分：入门篇（五年级）定位于对App Inventor有初步的认识，学会在App Inventor服务器上账号的注册和登录，知道如何新建、运行项目，以及掌握它的工作界面；基础篇（六年级）定位于接触到一些基本的组件以及学会给组件添加行为，掌握使用App Inventor编程的方法；实践篇（七年级）定位于逐步掌握其他组件的应用，通过几个主题创作的活动，综合利用所学的知识动手实践、创作出自己喜欢的游戏以及手机应用；进阶篇（八年级）定位于通过对App Inventor的探索和学习，设计出各种各样实用的手机应用，真切地感受到它自身的巨大魅力。

（2）在课堂上，探索让学生们将玩和学融合在一起的编程教育模式，充分挖掘广府本土人文、自然和社会方面的课程资源，具有一定的地域性和人文性。在教师的指导下，让学生跟随项目创设的角色"木棉妹"和"蛮腰哥"通过"跟着做""动手做""试着做""说一说"这几个环节完成各项学习任务。同时，同学们也要通过"小知识""小技巧"等栏目进行更深入的学习。完成每一次课"学会了"栏目之后，相信学生都会有所进步，提高自身的创新能力和实践能力。

（3）通过培训与竞赛相结合的形式，充分利用App编程推广成本低、科技含量丰富的特点，将App编程这一科技项目融入校本课程，让学生进行创意编程、智能机器人、智能家居、智慧校园的设计，通过中小学生电脑制作活动、青少年科技创新大赛、（手机）智能机器人竞赛等活动，为学生提供一个发挥自己实践才能的平台，普及相关App编程活动，可以提高学生的综合素质，培养出社会需要的创新型人才。

（4）学校、家长对于让学生在课堂上使用手机会存在一些顾虑，担心学生不够自觉，会用手机玩游戏等，从而影响正常学习。为此，教师可以提前向家长做好解析工作，让学生使用手机是为了学习编程，可以锻炼思维，就像使用电脑一样，并跟学生"约法三章"，只临时允许部分学生在上兴趣小组课程时携带手机编程调试，不能够在其他时间把手机带回学校或者利用手机玩游戏等。

三、技术手段

项目组成员在教学之初遇到两个问题：一是没有调试设备；二是课堂上难以展示教师手机软件调试、运行情况。

（1）使用安卓虚拟机运行调试，通过在电脑上安装App Inventor调试工具

（aiStarter），可以在电脑上虚拟一台安卓智能手机，模拟手机操作，进行程序调试。如果安装第三方安卓虚拟机，甚至能够模拟手机大部分传感器的功能。这样可以在课堂上较好地完成程序调试，达到较好的教学效果。

图2-10-1　安卓虚拟机

（2）使用无线同屏器展示教师的手机屏幕。

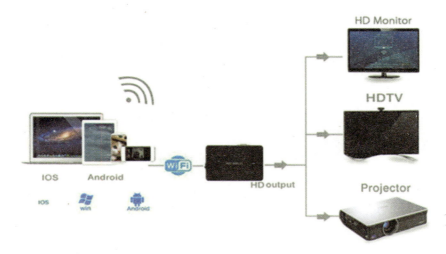

图2-10-2　无线同屏器展示

　　尽管使用模拟器可以完成大部分的教学调试、演示，但对于"摇一摇"等程序，虚拟机就无法做到，这时可以利用无线同屏器提供教师的教学演示手机给学生调试、演示程序，把演示手机上的画面通过无线传输到大屏幕投影机，让学生切实感受到程序在真实手机上运行的乐趣。

（3）通过信息化服务方式，充分利用互联网和学校长期以来开展科技教育的资源，在开发校本课程的基础上，联合学校教师、校外辅导员组成辅导团队，指导学生学习创意写作的方法，制作简单的手机App应用，让科技教育宣传"走进校园、走进课外活动、走进学生生活"。

我们希望每一个走进神奇广大且极具魅力的App Inventor编程小王国的学生都能体验到App Inventor带来的奇妙，描绘自己更出色的人生！

（撰写：宋伟舜、劳浩勋）

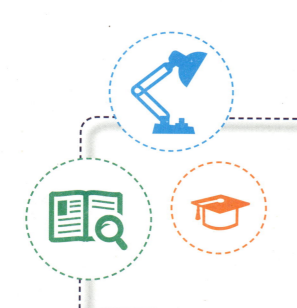

3 第三章

公益小学堂
——创客篇

第一节 智能桌面实验盒的开发应用研究

随着科学技术的发展，国家越来越重视科技与创新人才的培养，学生创新的动力源自教师的启发引导。目前，创客教育在全国各地备受关注，为创客教育的发展提供了新的机遇。创客是提高学生创新意识和动手能力的有效载体，将创客教育引入学校，能有效引导学生紧跟时代，不断创新。信息技术课程是一门操作性较强的课程，通过对信息技术课堂教学的观察发现，当教学内容是学生感兴趣的或者是与学生的生活紧密联系的，学生学习的参与度就很高，对知识技能的掌握也较好。我们将当前跟信息技术有关的创客教育内容引入信息技术学科课堂，并根据教学实践汇编成本系列书籍。在本章中，学生将能学习到"交互设计""创客设计""机器人设计"，学生将发挥创意，将知识运用到实际问题的解决中去。我们希望能用有趣的和有用的信息技术知识去改善当前信息技术学科课堂的教学效果，进而真正提升学生信息技术学科的核心素养。

一、基于学生技术应用能力培养的智能桌面实验盒的应用研究

（一）背景及意义

1. 研究背景

长期以来，我国技术教育只有信息技术一门学科，教学的目标和内容相对较为单一，不利于技术教育目标的全面达成。直到2005年新课程改革时，新增加了通用技术学科，技术教育才开始充实起来。但遗憾的是，受当时各种条件的制约，通用技术课程标准和教材存在着较大的不足，教学难以落到实处，课堂教学实效低，教学目标达成效果差。新课程标准修订时提出了通用技术学科核心技术素养的概念，改变了通用技术学科的教学生态。技术思维、创新设

计、工程思维、图样表达、物化能力五大学科核心素养使通用技术教育有了清晰明确的目标。

应用是技术的生命力，培养学生的技术应用能力也就成为技术学科教学的核心所在。通用技术学科包括五大核心素养，其中属于技术应用能力的有创新设计、图样表达和物化能力，覆盖设计前的构思和设计后的制作环节。

选用传统的金工、木工等技术载体，在理论上也可以完成从设计构思到设计制作的整个过程，从而培养学生的技术应用能力。但一方面，金工、木工技术从学习到应用的时间周期比较长，在当前的课时和学生原有知识能力的基础条件下，很难实现预期的教学目标，教学较多停留在对基础工具的使用掌握阶段，教学的效果难以令人满意；另一方面，金工和木工耗材损耗比较严重，操作存在一定的安全隐患，增加了学校的经费负担和管理难度。同时金工和木工对于信息社会还较为局限，在大城市普通家庭中应用面不广。于是，设计一套合适的技术教育载体，避免金工、木工等技术教学载体的不足，就显得极为重要。

2.国内外研究现状分析与评价

正是由于通用技术学科教学中存在着不足，以开源硬件为代表的创客教育、STEAM教育为通用技术教学注入了一股新鲜的血液。

以RaspberryPi、爱迪生开发板、伽利略开发板等为代表的智能硬件不仅简单易学，大大降低了机械电子技术的学习难度，而且有丰富易用的外围电子机械拓展模块，借助电脑编程，便能在日用数码、智能家电、环境监测、医疗保健等诸多领域有无限的应用可能。它们的出现大大降低了技术应用的门槛，为中学生技术应用能力的培养提供了合适的平台。

目前，RaspberryPi、爱迪生开发板、伽利略开发板在社会上受到越来越多的关注，大学生和社会人员学习和应用它们的也越来越多，相关资料也非常丰富。但对中学生来说，如何以RaspberryPi等智能硬件为核心，选择合适的外围电子和机械模块组成智能桌面实验盒，既能适合中学生技术学习，又能满足中学生技术应用的需求，相关的研究还是空白。

3.理论依据

认知心理学的研究表明，学生的知识形成过程是外来的信息与学生原有知识和思维结构相互作用的过程；在活动中进行思考，在思考中进行活动，是青少年的一个重要心理特征。培养学生技术应用能力应成为通用技术课程的重要内容，智能桌面实验盒的应用研究是非常重要的内容之一。

4. 研究的意义

（1）通过探索建立适合中学生技术学习应用的智能桌面实验盒学习平台，提升技术学科教学的质量。

（2）通过探索以技术应用能力培养为核心的项目设计的学生学习形式，提升培养中学生的技术应用能力。

（3）教研员和一线教师合作研究，使此研究既接地气，又有利于成果推广，充分发挥区科技局课题的辐射和引领作用，以及课题的社会效应。

（二）研究方法

研究方法主要有文献研究法、观察研究法、行动研究法等。文献研究法是通过文献研究，了解国内外有关智能桌面实验盒的应用方法，从中找到突破口，指导我们的研究。观察研究法是根据智能桌面实验盒在通用技术课程中的使用方法，制定研究提纲及观察表，用自己的感官和辅助工具去直接观察学生，从而获得研究资料。行动研究法的基本模式是"计划→行动→观察→反思"，根据调查的结果，了解学生的原有水平后，对通用技术课程做出计划并付诸行动，通过观察、调查，了解学生的意见，进行反思，制订下一步的计划，进行下一个循环。

（三）研究过程

1. 理论学习和思辨

技术的价值在于应用，培养学生技术应用能力是技术学科教学的核心所在。从通用技术课程标准的角度来看，技术应用能力主要包括创新设计、图样表达和物化能力，包含设计前的构思和设计后的制作环节。

当前，通用技术教学普遍使用金工、木工等加工工艺，理论上是可以支持学生作品的制作，也可以完成从设计构思到设计制作的整个过程，培养技术应用能力。但是，金工、木工学习难度较大，要能安全加工制作，需要花费的时间会比较长。而当前通用技术课时较为缺乏，只能让学生体验一下金工和木工工艺，远远达不到使用它们去制作创意作品的要求。另外，金工和木工操作危险性较大，耗材也比较厉害，对学校经费和安全管理带来很大难度。培养技术应用能力的器材选取应具备有梯度、有广度、易推广三个特征。

由于各方面的原因，我们的学校之间还存在一定差距，因此有梯度是指能够让不同层次学校的学生都可以学有所得，培养技术应用能力的器材就应该考虑到各学校学生的差异。有梯度还体现在应该让小学、初中、高中不同阶段的学生都能够学习，从而解决技术教育中小学、初中、高中三个学段学习割裂的难题。

技术课程强调心智技能与动作技能的结合，强调理论与实践的统一。有广度是指培养技术应用能力的器材应该可以培养学生创新设计、图样表达和物化能力等多方面的技术应用能力，符合通用技术学科课程标准的要求。

易推广是指桌面实验盒的价格要尽量实惠，减轻学校经费压力；对实验室原有配置要求低，便于学校购买使用；使用安全，不增加学校管理压力。

2. 市场调查

STEAM和创客教育的兴起给技术学科特别是通用技术学科带来了新的生命力。STEAM和创客教育的技术套件极为丰富，为我们设计桌面实验盒提供了有力的支撑。

我们对当前STEAM和创客教育中主要流行的产品类型进行了市场调查，了解了其器材设备、培养目标和优缺点等。

表3-1-1　STEM和创客教育产品类型

产品类型	具体产品	教育领域	培养目标	优点	缺点
3D设计	以3D打印笔、3D打印机、3D扫描仪为主，品牌众多	3D设计	创新设计：创意构思；图样表达：3D模型绘制；物化能力：3D打印制造	使用较安全，主要关注创意设计，对动手能力要求不高	技术还未成熟，性能有限，功能较单一
无人机	主要有竞速机、穿越机、航拍机，品牌众多	科技体育	物化能力：飞机组装	展示视觉效果较好，学习难度较小	遥控技术为主，学习和应用较为单一
电子创客	包括黏土电子、纸电路、导电墨水、磁吸电子等	电子设计	创新设计：电子模块功能构思；图样表达：电路原理图绘制；物化能力：电路连接	使用较安全、简单	产品损耗较大，知识可迁移拓展空间较小

续 表

产品类型	具体产品	教育领域	培养目标	优点	缺点
Scratch测控板	Picoboard板、盛思魔盒等	交互媒体设计	创新设计：交互媒体创意构思；图样表达：交互媒体动画绘制；物化能力：电路连接和程序编写	入门容易，变化丰富	不能脱离电脑使用，对实验室原有配置要求较高；缺乏外观结构，物化能力主要以软件编写为主
Arduino	Arduino原版及相应配件、Dfrobot改进版及相应配件、盛思创客箱、ScratchPi等	智能电子设计为主，ScratchPi能应用在交互媒体设计领域	创新设计：自动控制产品创意构思；图样表达：自动控制产品草图表达、电路原理图绘制；物化能力：电路连接和程序编写	学习和应用空间较大	物化能力以电子模块连接和软件编写为主，大部分缺乏外观结构搭建，高层次的网络应用较为困难
Arduino机器人	Makeblock机器人，xkbot机器人等	智能电子设计	创新设计：自动控制产品创意构思；图样表达：自动控制产品草图表达、电路原理图绘制；物化能力：电路连接、结构搭建和程序编写	学习和应用空间很大	某些产品价格较贵，高层次的网络应用较为困难
树莓派	树莓派及相应配件	物联网设计	创新设计：网络控制产品创意构思；图样表达：网络控制产品草图表达、电路原理图绘制；物化能力：电路连接、网络搭建和程序编写	较为简单，功能强大	缺乏外观结构

通过市场调查分析，我们可以发现，目前市面上流行的各类STEAM和创客教育产品，其教育领域普遍都较为狭窄，培养目标较为单一，难以满足技术学科教学的需要。

3. 编写桌面实验盒配置标准

在分析市场调查结论的基础上，我们结合前面桌面实验盒的特征，设计了一款桌面实验盒，能同时充当Scratch测控板、Arduino、Arduino机器人、树莓派等设备，覆盖交互媒体设计、智能电子设计、物联网设计三个教育领域。桌面实验盒的组成模块、具体器材和培养目标，如表3-1-2所示。

表3-1-2　桌面实验盒配置标准

组成模块	具体器材	培养目标
ScratchPi	Cubic主控、电子积木、乐高积木等	创新设计：交互媒体创意构思、自动控制产品创意构思、网络控制产品创意构思；
树莓派	树莓派3B主板、TF卡、读卡器、外壳、风扇、散热片、HDMI视频线、10寸液晶屏、有线小键盘、有线鼠标、摄像头模块、网线等	图样表达：交互媒体动画绘制、自动控制产品草图表达、网络控制产品草图表达、电路原理图绘制；物化能力：电路连接、结构搭建、网络搭建和程序编写

在桌面实验盒中，树莓派同时扮演两个角色：一方面，树莓派可以充当控制器，作为物联网设计的核心主控；另一方面，树莓派还可以代替电脑，对ScratchPi的Cubic主控和树莓派本身编写程序，从而降低了对学校原有实验室配置条件的要求，方便推广使用。

4. 桌面实验盒应用的教学模式

为了检验桌面实验盒的实用性，笔者利用通用技术课时间，在广州市第一中学高一年级19个班开展了桌面实验盒的普及教育，在教学实践中按照桌面实验盒的三大教育领域——交互媒体设计、智能电子设计、物联网设计进行教学，并在教学过程中边实践边开展校本教材的编写，目前已完成前两个领域共五十一页的教材编写工作。

在教学方式上，我们主要是应用"1+1"双师导学课内翻转的教学模式进行教学，先学后教，利用微课帮助教师，提高教学效率。主要教学流程如图3-1-1所示。

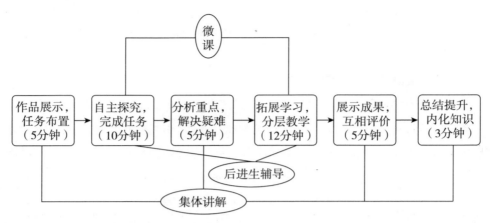

图3-1-1　桌面实验盒应用的教学模式图

（1）作品展示，任务布置。

教师每节课对于要学习的作品，先进行成品的示范，告诉学生可以做成什么样的作品，还可以做出如何的变化，吸引学生，提高学生学习的积极性，再布置学生本课要完成的基础任务、拓展任务。对于一些较难的操作，必要时，教师可先向学生示范一些关键的步骤，让学生可以更好地进入学习。

（2）自主探究，完成任务。

由于学生水平参差异，如果技术操作的内容按以往的做法，先示范，后操作，会浪费优生的时间，后进生可能还是听不懂。笔者在桌面实验盒的教学中，一般先对操作部分录好微课，每节微课2～5分钟。教师上课时一般不讲操作步骤，由学生自主探究，遇到不懂的再看微课，后进生可以反复看，也可以问同学、教师。这样对于优生就可以节约很多时间做拓展内容，后进生也有较多时间可以得到教师的个别辅导，提高了教学效率。

（3）分析重点，解决疑难。

学生尝试进行探究后，教师可根据学生的完成情况，分析重点，解决疑难。这部分的内容既可教师进行讲解，也可以让学生进行示范操作，这样就能突出重点、突破难点。

（4）拓展学习，分层教学。

学生继续完成教师布置的任务，优生可做拓展的任务，鼓励同学之间互相帮助、互相讨论，教师继续辅导后进生。对于优生来说，由于教师在课堂上较少时间讲课，有些微课也不用看，因此多了很多时间做拓展的练习。这样，学生可以做出较多的创客作品，也因此获得了一些奖项。

（5）展示成果，互相评价。

在这个环节，让学生展示自己基于桌面实验盒做出来的作品，如果学生做得有快有慢，还可以让学生用手机将自己展示的部分先录下来，教师再挑一两个作品在全班进行展示，培养学生的表达能力，提高学生的自信心。

（6）总结提升，内化知识。

教师与学生一起总结本课学到的知识，特别是重点的教学内容，通过总结内化知识，教师还可以布置一些课外作业。但一般通用技术课外作业只是给有兴趣的学生做，一般学生家里没有这样的设备，这时教师可以安排一个固定的时间，允许学生在课外来进行学习，还可以准备参加各项比赛。

5. 开展调查反馈工作

利用桌面实验盒培养学生的技术核心素养，充实了通用技术学科的教学内容，有效地达成了通用技术学科的课程教育目标。学生对此认可程度高，笔者利用问卷星对学生进行了调查，调查结果如表3-1-3所示。

表3-1-3　桌面实验盒教学实践情况学生反馈表（单位：人）

题目	金工	木工	桌面实验盒	其他
通用技术课程教学，你喜欢哪个更多一些	68	36	636	19
你觉得哪个对你以后工作影响会更大一些	87	32	612	28
桌面实验盒教学对你的技术思维有影响吗	98	592	56	13
桌面实验盒教学对你的创新设计有影响吗	109	589	46	15
桌面实验盒教学对你的工程思维有影响吗	101	583	58	17
桌面实验盒教学对你的图样表达有影响吗	96	580	65	18
桌面实验盒教学对你的物化能力有影响吗	75	576	92	16

在调查中我们发现，学生是比较喜欢利用ScratchPi与树莓派结合的桌面实验盒来上通用技术课的，对培养学生的核心素养也有较大的作用。

6. 开展提高教育，参加竞赛

通过普及教学去发现优秀的学生，笔者再利用选修课时间对这些优秀学生开展提高教学。为了使优秀学生能有更大的学习和发展空间，笔者在原有桌面实验盒的基础上，还购买了激光雕刻机和3D打印机，增加了2D设计教学模块和

3D设计教学模块，极大地丰富了学生设计创造的空间。少数优秀学生参加相关科技比赛取得了不错的成绩，其中参加区3D设计比赛获一等奖，参加区科技创新大赛获二等奖，并获得参加市创新大赛的资格。

（四）研究反思

在我们的研究中，由于资料的不足及资金的限制，加上课题成员对于智能桌面实验盒的相关设备不太熟悉，因此研究的深度和广度还不足，教学模式还在不断探索和完善之中。在接下来的工作中，我们将继续对教材进行修订完善，探索出更完善的教学模式，努力提高学生的技术应用能力。

（撰写：凌星星）

二、基于STEM理念的课程对中小学学生科学思维能力的培养——以智能桌面实验盒学区课程为例

越秀区辖内的16所中小学于2016年组成立体学区，以学区内资源共享及交流合作为途径。在实践中发现，形成学区一体化课程开发机制，共同建设体现学区特色的学区课程能有效推动教育向优质、均衡的方向发展，促进教育公平。STEM和创客教育的兴起，给技术学科特别是信息技术与通用技术学科带来了新的生命力。课程教学融入STEM理念，强调培养学生不断提问、假设、探究、试错和总结的科学思维能力，给学生带来全新的体验。

（一）概念界定

在对智能桌面实验盒项目中应用STEM理念的分析前，笔者有必要对STEM教育理念、科学思维、智能桌面实验盒项目、学区课程进行概念上的界定。

1. STEM教育理念

STEM是科学、技术、工程、数学四门学科英文首字母的缩写，学习者接受STEM教育有助于更深入地理解数学和科学等内容，以及培养自身在真实世界中运用这些知识来解决跨学科问题的能力。需要指出的是，STEM素养不仅是上述四种素养的组合，而且是需要把学习到的各学科知识进行融合与整合、拓展与创新，最终转变成有机整体。STEM教育的课程设计应该使用"整合的课程设计模式"，旨在培养学生超越传统学科界限，动手解决实际问题的能力。

2. 科学思维

科学思维是一种正确、高效、具有可操作性的思维，在科技创新活动中起到核心作用，是创新活动的灵魂。科学思维方式强调的是思维加工处理方式和途径的科学性。学生在开展基于桌面实验盒的设计制作活动过程中不断地提问、假设、探究、试错和总结，对于自身运用科学的思维方式去思考问题、解决问题有着积极的指导意义。

3. 智能桌面实验盒项目

智能桌面实验盒项目是技术学科的教育载体，STEM和创客教育的技术套件极为丰富，为桌面实验盒的设计提供了有力的支撑。广州市第一中学、广州市第三中学整合ScratchPi、树莓派等产品，根据学习需求改件、补件，联合设计了智能桌面实验盒1.0版本（见表3-1-4）。

表3-1-4　智能桌面实验盒1.0版本

组成模块	具体器材	培养目标	适用学段	技术分析
ScratchPi	Cubic主控、电子积木、乐高积木等	1.创新设计：交互媒体创意构思、自动控制产品创意构思、网络控制产品创意构思； 2.图样表达：交互媒体动画绘制、自动控制产品草图表达、网络控制产品草图表达、电路原理图绘制； 3.物化能力：电路连接、结构搭建、网络搭建和程序编写	小学→初中	1.硬件元素：适合小学、初中学生创客教育的Arduino、常见传感器等，以及高中学生更高层次学习需求的树莓派，解决学生创客作品外观和结构制作难题的配套积木结构件； 2.软件元素：主要采用Scratch图形化编程软件，可自动生成Arduino C语言代码，满足图形化编程入门和C语言提高的需求，能支持手机编程软件App Inventor，具有非常丰富的编程生态环境； 3.技术应用角度：能开展交互媒体设计、智能电子设计和智能家居设计等不同类型的创客教育活动，适用于STEM跨学科学习课堂
树莓派	树莓派3B主板、TF卡、读卡器、外壳、风扇、散热片、HDMI视频线、10寸液晶屏、有线小键盘、有线鼠标、摄像头模块、网线等		初中→高中	

4. 学区课程

学区课程是一门特色创新的课程，应是介于地方课程与校本课程之间的课程，是能体现学区教育思想和课程观念的课程。它应根据学区内的经济、政治、文化发展水平和对人才的特定需求，充分利用现有课程资源进行开发、设计、实施。其定位一是为了立体学区，二是在立体学区的学校中，三是基于立体学区的所有学校。从学生的小学阶段到高中阶段，越秀区立体学区课程建设的导航仪帮助学生进行生涯规划，将STEM的教育理念应用到智能桌面实验盒项目中。这是一次重实践的超学科教育概念的创新，在丰富STEM教育理念的同时，也体现了创新科技和教育协同发展的趋势。

（二）STEM理念在智能桌面实验盒课程中的应用案例

STEM理念的特点是在建立学科集成的过程中将学生的思维习惯由低阶思维向高阶思维提升。2019年，笔者观摩了广州市少年宫与广州市名教师工作室联合开展的基于STEM理念的智能桌面实验盒系列公益课堂，在基于活动、项目、问题解决的课堂上发现了有实现新课改目标的可能性：教师与学生正在共同经历创造、设计、建构、发现、合作并解决问题的过程。笔者记录、归纳、整理了以下优点：

1. 玩转创意编程，提升学生的科学与技术素养

绚丽多彩的游戏背后是怎样的规则与布局？建构一个个神秘的游戏世界又需要怎样的创造力与想象力？在体验课上，陈老师化身为"小小游戏设计师"，让学生自主组合成6个组，每组4人，基于同样的实验盒器材、初始程序和多学科知识锦囊，创造性地在90分钟内合作完成任务，一起设计出专属小游戏，这将大大拓展和提升学生想象的空间。游戏一：学生要解密"打地鼠"这款既简单又充满乐趣的游戏的制作过程，在编写程序后，用传感器实现用编程密语唤醒魔法之锤。游戏二：在浩瀚的宇宙中，一大群蝙蝠突然向宇宙飞船袭来，学生被迫加入了太空之战。学生在完成任务过程中会不断遇到新问题，小组设计与制作的难度不断加大：怎样更快地打到地鼠、如何精准地打中蝙蝠、需要用到哪些器材、怎样快速编写程序……教师引领学生逐步应用STEM理念了解游戏背后的编程世界，在项目中突破常规思维，在问题的解决过程中提升学生的技术素养。

根据笔者观察，在合作过程中，小组成员发挥各自独特的作用，每个学生都专注地设计、编写、搭建，思维是高度活跃的。这正是基于STEM理念的智能桌面盒下的理想课堂：既是玩耍，也是学习。用ScratchPi制作出自己团队的专属游戏，体现了STEM理念所倡导的学科集成理念：学生在问题解决的基础上进行建构、发现、合作与创造。总结下来，课堂上团队制作现场具备真实情境、探究、团队协作、问题解决等要素，也是STEM理念所要达到的目的：趣味编程让学生的思维活跃了起来，激发了学生的创造力、想象力和不断试错的问题解决能力。

2. 突出STEM理念的试错功能，体现科学性与创新性

智能桌面实验盒课程是一门精妙的创意编程课程，其编程特点是可以避开使用繁琐的代码语法。在课程实验中，黄老师带领学生迎来创意无处不在的"苹果大丰收"：学生若想要在ScratchPi里体验到"摘苹果"的乐趣，就要学会思考如何利用工具来达到高效摘取和运输的目的。同时，学生还需要在设计、制作、展示、阐述的一系列程序中学会提炼在课程实验中发现的问题并以问题为导向来拟订修改方案、总结经验并分享心得。这充分体现了技术学科应有的科学性和创新性。

李老师为大家介绍了新的硬件工具——传感器，借助这一装置，学生可以创作出更为丰富多彩的互动作品。在现场设计与制作环节中，学生自主探究，打开程序，安装驱动，将传感器与电脑相连。在解决问题过程中，教师发挥协助、指导、监督、评价的作用，允许学生反复试验，鼓励组员之间相互纠错，让学生设置接口，添加指令，随着手在光敏传感器上的移动遮挡，灯或点亮或熄灭，再试试有什么新发现。在反馈完善的过程中，学生明晰了"科学就是一个不断犯错、不断修正、不断假设、不断验证的过程"的道理。

3. 彰显STEM理念对学生创造力的培养，评价标准多维度

学生要在有限的时间里选用实验盒里的器材完成任务，是对学生的一种现场创造力的考察。在体验课堂现场，学生与李老师一起研究老鼠晚上才会出来觅食的原因。他们用ScratchPi模拟怕光的老鼠，将光敏传感器与电脑相连，编写脚本，点击绿旗后，仔细观察舞台发现，用手遮挡住光敏传感器，当灯光昏暗的时候，老鼠便会出来觅食；将手移开，灯光亮的时候，老鼠就吓跑了！在完成任务的构思与制作过程中，学生的综合能力、分析能力与实践能力都将得到激发与展示，从而成长为一个可持续发展的人、一个完整的人。

为了使课堂评价具有可实施性和说服力，在参考其他STEM科技项目规则及评分标准的基础上，笔者采纳了13位课程实施教师的建议，整合设计了三个梯度的评价标准（见表3-1-5），多维度对学生进行评价，清晰可量化，每一个梯度的上升都是对学生综合能力的一个肯定。

表3-1-5　中小学智能桌面实验盒学区课程课堂评价标准

评价点	单一考量标准	综合考量标准
学科知识整合与运用能力	会选择性地使用提供的实验盒的能力，会合理选择多学科知识与技能	梯度Ⅰ（A+）：有丰富的程序设计经验和开拓创新能力，能够独立或有效合作解决设计制作中的难题；对作品有自己独特的想法并能成功制作。能够结合STEM理念对作品的作用、特点以及制作过程清晰表达出来，口头或书面语言准确、得体、有条理。
解决问题能力	会编写程序或制作作品解决问题，设计中体现出的个性化与创造力	
设计作品水平	手工（美观、简洁），设计（创新、程序），工具（选择、运用）	梯度Ⅱ（A）：有一定的作品制作经验和较强的动手能力，可以独立或合作解决实际设计中遇到的问题；能制作出自己设计的成品初稿；能够结合STEM理念将作品的作用、特点、制作过程的注意事项表达出来，口头与书面语言表达能力准确清晰。
专注度	设计与制作中体现出的专注力，对数据运用的严谨度	
设计思维能力	对资源的融合（整合）能力，对作品的理解力（实用性、标准性、理念性）	梯度Ⅲ（A-）：需要进一步结合STEM理念，清晰阐释作品的性能、特点以及制作过程

（三）体现学生发展核心素养的智能桌面实验盒课程

STEM理念注重打破学科界限，建立学科集成理念，这与核心素养的"跨领域性"强调其连接学科知识与生活世界（真实情境）的"可连接性"是不谋而合的。鉴于此，笔者梳理了智能桌面实验盒课程中体现学生发展核心素养的精粹。

1. 彰显人文底蕴，提升科学精神

STEM理念以智能桌面实验盒作为教育载体，融入中外儿童故事和游戏，这是对人文积淀与情怀的一种唤醒与传承。笔者发现，学生在编程与制作的过程中，或多或少会对自己设计的作品赋予特殊的含义，有显示对传统文化的理解，有对自己未来职业的向往……这正是学生人文底蕴核心素养的显性表现。

勇于探究、批判质疑、理性思维的科学精神核心素养在基于STEM理念的智能桌面实验盒体验课内得到了很好的体现。"海洋的深处，凶恶的鲨鱼要把海

底所有的小鱼都吃掉……"怎么拯救小鱼？怎么保护生态环境？怎么把生活语言转换成计算机语言？学生需要运用综合跨学科的知识与技能，适度进行理性思维，批判质疑，尝试个性化的创新，最终解决这些问题。

2. 真正学会学习，践行实践创新

体验课堂体现STEM理念，强调问题的真实性，倡导学生（单独或小组）独立完成每个项目，在项目完成过程中，能够提升学生对信息的筛选能力，从网络或其他渠道获取有用的资源，更便捷地完成设计与制作，达到理想的状态。在体验课中，陈老师念起"嘛咪嘛咪吽"的咒语，这时学生就想到选用哪个传感器来产生强大的气流，实现吹走前方障碍物的"风之魔法"的目的。谢老师提出有些生活噪声是无法忍受的。在制作创意噪声检测仪的过程中，学生通过循环往复的试验与改进，不断提高性能，达到准确、便捷地用波形图检测声音大小的目标。定义优良的问题即有明显的边界条件和操作路径的问题，基于STEM理念的评价侧重考查的是定义不良情况下学生的反应，即实践创新能力。这是对以往应试教育下定义优良问题解决的一次改进，与学生发展所倡导的实践创新核心素养理念一致。

3. 构建应用智能桌面实验盒的教学流程

智能桌面实验盒课程参照"生活即教育"的理念，教学方法是"教学情景化、知识生活化、创作体验化"。笔者所在团队在基于STEM理念的体验课实践中，总结出"1+1"双师导学课内翻转的有效教学流程（见图3-1-2）。

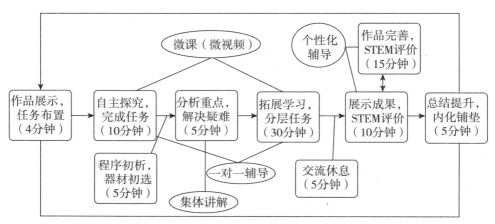

图3-1-2　智能桌面实验盒体验课（主教+助教）教学流程

（四）结束语

广州市实施科技教育提升工程的建设需要未来有更多STEM教育试点课程提供基础支撑。作为一门融合了STEM理念、创新与实践齐飞的课程，笔者更注重考查学生在课堂活动中思维开发的过程，享受科学的过程，发现自己隐性优点的过程，展示自己领导力、计划力、学习力、创新力与综合素养的过程。

笔者认为，依据学区平台开发学区课程，以STEM跨学科知识融合的教育理念，研究构建和开发具有跨学科、趣味性、体验性、情境性、设计性的全学段拓展性课程体系，以项目学习、问题解决的方式推进实施科技教育提升工程，是非常有必要、有价值的。

（撰写：劳浩勋）

第二节　校外教育课程实例
——玩转ScratchPi

第一课　信息技术世界的瑞士军刀——ScratchPi简介

【我要学】

（1）知道信息技术是开启虚拟世界的重要手段。

（2）知道什么是ScratchPi，认识ScratchPi的组成。

（3）会启动与关闭ScratchPi软件。

（4）会运行ScratchPi软件的程序。

（5）会连接ScratchPi的硬件。

【课程引入】

一说到瑞士，很多人自然会想到瑞士钟表，不过也不要忘了还有一样东西是和瑞士这个国度紧紧联系在一起的，那就是瑞士军刀。大家知道瑞士军刀是谁发明的吗？

制帽匠巴尔特哈沙·埃尔森纳·奥特的四儿子查尔斯·埃尔森纳下定决心想当一名刀具工人。在德国南部度过了几年工人生活后，他于24岁那年回到他的家乡，并于1884年在瑞士伊巴赫开了一家属于自己的刀具工厂。

在那时，伊巴赫地区几乎没有任何工业，很多年轻的农民被迫移民到北美、澳大利亚或新西兰。为了创造新的就业机会，查尔斯·埃尔森纳于1891年发起并创建了瑞士刀匠大师协会，主要目的是联合所有瑞士的刀匠制造当时瑞士军队必须从德国购买的士兵用刀。1891年10月，该协会制造出了第一批发往瑞士军队的军刀。此后，查尔斯·埃尔森纳开始制造别的设计精巧的袖珍刀，他不用数字而用诸如学生刀、军官刀和农民刀等名字来区分这些刀。士兵刀很粗大，也很笨重，于是查尔斯·埃尔森纳特别为军官们制造出了较轻便且美观的刀，这种刀除了具备士兵刀上所有的刀片、锥子、罐头起子和螺丝刀外，还有一个小刀片和一个拔塞钻。这种两个弹簧上面装有六个刀体的新模型被查尔斯称为"军官刀"。

瑞士军刀是多功能刀，它能够满足日常生活中各种常见的需求。第二次世界大战后，以计算机发明为标志的第三次工业革命使人类进入了信息时代。信息技术使我们在

图3-2-1 瑞士军刀

真实的世界之外可以创造虚拟的世界，我们可以在虚拟的世界里绘画，设计制作动画、游戏、电影。ScratchPi就是我们在信息技术领域中的"瑞士军刀"，它包含一套由电子积木和塑料结构件为主要组成的硬件和一套ScrathPi设计软件。通过ScratchPi，我们就可以绘画、设计制作动画和游戏，甚至可以设计制作机器人和创客作品。

【我要做】

（一）ScratchPi的组成

ScratchPi硬件主要包括远程控制板（主控模块）、可充电电池模块、乐高兼容的电子积木和积木颗粒。远程控制板相当于人的大脑，负责分析和处理信息，进行协调沟通；可充电电池模块相当于人的心脏，为整个系统提供能量；乐高兼容的电子积木如同人的感官和四肢，负责检测和收集信号，以及执行控制命令；积木颗粒如同人的骨骼，负责整体结构的框架和支撑作用。

（二）ScratchPi软件的启动

双击电脑桌面上如图3-2-2所示的ScratchPi图标，就可以启动ScratchPi软件。

图3-2-2 ScratchPi软件图标

（三）ScratchPi软件介绍

ScratchPi软件界面如下，分为菜单栏、舞台区、角色区、程序块区、脚本区，与Scratch软件非常相似。

1. ScratchPi硬件的连接

（1）硬件连接。

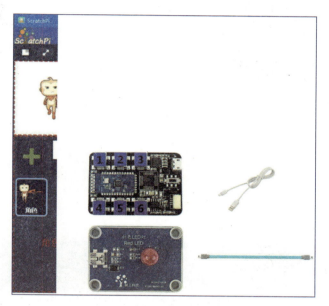

图3-2-3　ScratchPi软件界面

找到ScratchPi的主控模块、LED灯模块、蓝色数据线、白色USB数据线等模块。

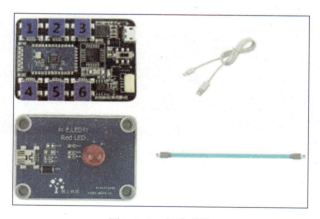

图3-2-4　相关硬件

按照图3-2-5和图3-2-6所示的连接，将LED灯模块连接到主控板1号端口。

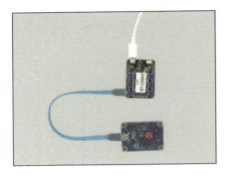
图3-2-5　硬件连接图

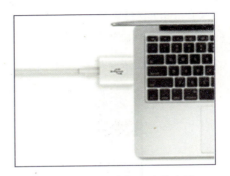
图3-2-6　USB数据线连接电脑

打开主控模块电源开关，主控模块电源指示灯亮起。

（2）串口连接。

点击ScrathPi软件菜单下的"连接"->"串口"。

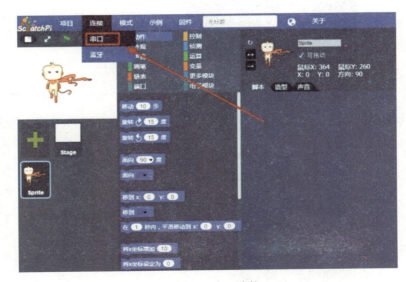
图3-2-7　串口连接

点击"扫描"，选择串口，点击"连接"。

图3-2-8　扫描串口

图3-2-9　串口连接

等待连接成功。

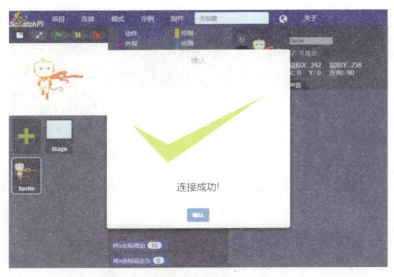

图3-2-10　连接成功

（四）ScratchPi程序的编写

（1）编程示例。

将"控制"分类下的"当绿旗被点击"图标拖拽到脚本区。

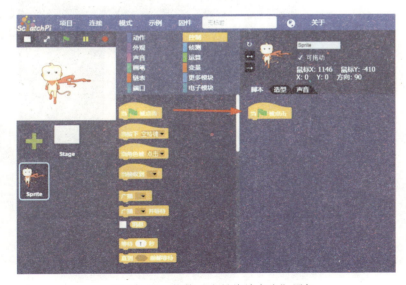

图3-2-11　拖拽"当绿旗被点击"图标

将"控制"分类下的"重复执行"图标拖拽到"当绿旗被点击"的下方，当程序块的缺口对齐时，出现一条白线，此时松开程序块。

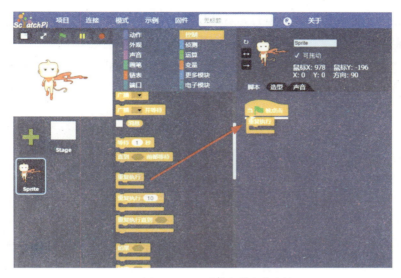

图3-2-12 "重复执行"图标

同样的操作完成程序（见图3-2-13）。

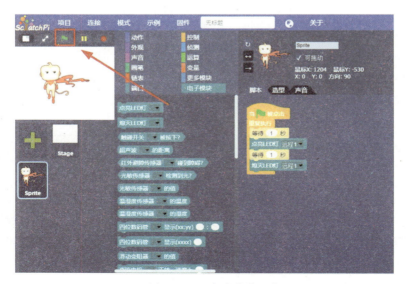

图3-2-13 完成其他程序

提示："等待1秒"在"控制"分类下，"点亮LED灯"和"熄灭LED灯"在"电子模块"分类下。

（2）运行程序。

"当绿旗被点击"图标运行，观察LED模块的情况。

【我要创】

我们来设计光感应灯，如果有光线，灯就自动关闭；如果没有光线，灯就会自动打开。你能根据下图程序提示，完成程序编写，并连接硬件，下载运行程序吗？

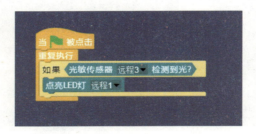

图3-2-14　提示程序

【自我评价】

表3-2-1　自我评价表

通过本节课的学习，你有什么收获	
收　获	得　分
会打开ScratchPi软件	☆ ☆ ☆
会连接LED模块、光感应模块、主控模块	☆ ☆ ☆
会编写光感应灯程序	☆ ☆ ☆
能成功完成光感应灯的调试	☆ ☆ ☆
课后收拾整理好实验器材	☆ ☆ ☆

第二课　怕光的老鼠——现实虚拟结合

【我要学】

（1）会隐藏和显示角色。

（2）会使用光敏传感器。

（3）会使用分支语句，理解分支语句的运行流程。

（4）会使用"移动到"语句。

【课程引入】

同学们知道为什么白天很难看到小老鼠吗？为什么小老鼠晚上才会出来觅食呢？我们能不能利用ScratchPi设计一个场景，模拟怕光的小老鼠呢？在这个例子里，我们来了解光敏传感器。光敏传感器能检测光的强度，在黑暗的夜晚，小老鼠会出来觅食。当我们打开灯的时候，小老鼠就被吓跑。

【我要做】

1. 硬件连接

光敏传感器—>远程5。

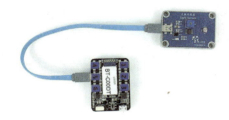

图3-2-15　硬件连接图

2. 软件实现

在ScratchPi模式下进行编程，给舞台添加背景。

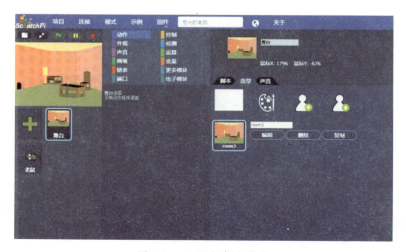

图3-2-16　添加舞台背景

添加一个"老鼠"角色，导入造型。

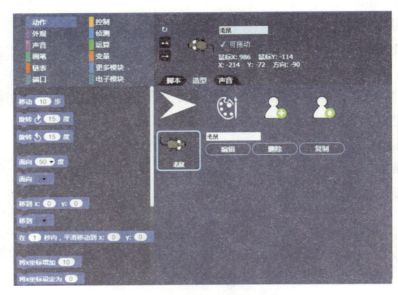

图3-2-17 添加"老鼠"角色

在脚本区给角色"老鼠"添加脚本。

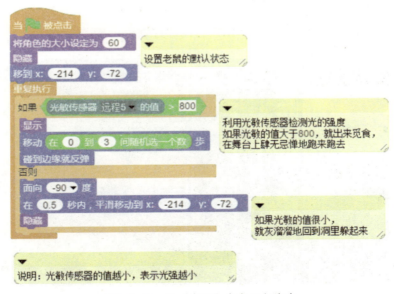

图3-2-18 给"老鼠"角色添加脚本

这样，当光的强度很小的时候，小老鼠就偷偷出来觅食了；一旦光的强度很大，小老鼠会以很快的速度跑回洞里躲起来。为了得到更好的效果，可以给舞台添加脚本，根据光的强度来控制舞台的亮度。

图3-2-19　给舞台添加脚本

脚本编写完成后，点击"小绿旗"，运行试试效果。用手挡住光敏传感器，仔细观察舞台。当手遮挡的时候，舞台会逐渐变暗，小老鼠会偷偷跑出来觅食。

图3-2-20　遮住光敏传感器，老鼠出来觅食

一旦把手拿开，舞台会变亮，小老鼠会灰溜溜地跑进洞里。

图3-2-21　不遮住光敏传感器，老鼠跑进洞里

【我要创】

通过对以上内容的学习，你应该掌握光敏传感器的作用了。你还能想到光敏传感器的其他应用场景吗？在农业上，很多植物都需要足够的光照才能更快地生长，利用光敏传感器，可以找到光照最强的方向，从而提高农作物的产量。

思考一下，看看你能不能完成下面的任务。

A.利用光敏传感器模拟智能路灯。只有晚上，路灯才会亮哦。节约能源，保护地球。

B.利用光敏传感器模拟公鸡打鸣：一到早上，公鸡就会像闹钟一样准时打鸣。

【自我评价】

表3-2-2　自我评价表

通过本节课的学习，你有什么收获	
收　获	得　分
会隐藏和显示角色	☆ ☆ ☆
会使用光敏传感器	☆ ☆ ☆
会使用分支语句	☆ ☆ ☆
会使用"移动到"语句	☆ ☆ ☆
课后收拾整理好实验器材	☆ ☆ ☆

第三课　拯救小鱼——滑动模块的应用

【我要学】

（1）知道保护环境的重要性。

（2）会使用ScratchPi外观指令：面向方向、隐藏、显示；动作指令：碰到边缘就反弹。

（3）能根据实际情况运用运算指令，对滑动模块读取的数据进行计算。

（4）知道滑动模块的作用，并使用滑动模块控制角色的移动。

【课程引入】

习近平总书记多次强调"生态兴则文明兴""绿水青山就是金山银山"。

有时一些外来的物种会严重影响本地的生态平衡。大家快看湖里来了一条凶恶
的大鱼，我们快来救救小鱼，把大鱼用网捞走吧！为了让海洋生物和谐相处，
我们要把大鱼送回它生长的地方。

【我要做】

导入背景：underwater。

导入角色：fish1、shark-b。

绘制角色：渔网。

图3-2-22　使用到的舞台和角色

舞台和角色都可以通过导入或绘制的方式实现。

图3-2-23　绘制角色

知识小提示：角色的绘制在画图板中完成，其绘画工具及操作方法与
Windows中的画图软件相似。

【我要创】

编写脚本：小鱼和大鱼在湖里往返游动，滑动变阻器控制渔网的移动，大鱼碰到渔网就会消失。

（一）角色的移动及碰到边缘就反弹

你会控制角色往前移动吗？使用的是哪句指令？

设置"重复执行""移动（　）步"，就可以达成角色向前移动的目的。但单纯使用这两个指令，我们会发现小鱼一直往前移动，离开了舞台的范围。我们希望鱼能往返游动，即鱼向右游到舞台边缘后，就要返回来往左游。使用动作指令中的"碰到边缘就反弹"，就可以使角色往返移动。

图3-2-24　"碰到边缘就反弹"指令

知识小提示：在ScratchPi中，舞台的上、下、左、右边都可以称为边缘，"碰到边缘就反弹"表示碰到上、下、左、右边都需要反弹。

小鱼脚本实现如下：

图3-2-25　小鱼角色的脚本

（二）面向方向

由于"移动（　）步"是向着鱼头的方向移动的，因此，改变鱼头的方向，就可以改变鱼移动的方向。动作指令中的"面向（　）度"可以改变角色的方向。

知识小提示：单击参数的下拉箭头，可以看到各种不同的角度所代表的面向方向。

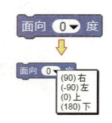

图3-2-26　"面向方向"指令

小鱼角色上下往返移动，脚本实现如图3-2-27所示。

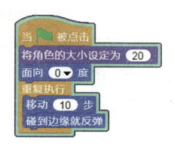

图3-2-27　小鱼角色的脚本

（三）隐藏与显示

接下来，我们要编写大鱼的脚本。要使大鱼出现在舞台上，需要使用外观指令中的"显示"；大鱼遇到渔网后，就不出现在舞台上，需要使用外观指令中的"隐藏"。

图3-2-28　"显示"与"隐藏"指令

知识小提示：角色隐藏后，如果不使用"显示"指令，即使我们再次开始执行脚本，被隐藏的角色也不会重新出现。

大鱼脚本实现如图3-2-29所示。

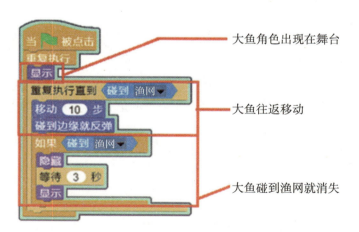

图3-2-29　大鱼角色的脚本

（四）滑动变阻器

1.连接滑动变阻器

把滑动变阻器与主控连接（见图3-2-30）。

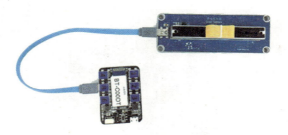

图3-2-30   硬件连接图

2. 读取滑动变阻器的值

电子模块指令中"滑动变阻器（   ）的值"可读取滑动变阻器的值。

图3-2-31   读取滑动变阻器的值的指令

使用外观指令中的"说滑动变阻器（   ）的值"可以在舞台上显示滑动变阻器的当前数值。

图3-2-32   说滑动变阻器的值的指令

知识小提示：注意滑动变阻器与控制连接的接口号码。当接口号码是5时，"滑动变阻器（   ）的值"中的参数便是"远程5"。

3. 使用滑动变阻器控制角色移动

Y坐标的值是180～-180，而滑动变阻器的值是0～1024，对于数值之间的变换，我们可以通过以下运算来实现。

渔网脚本实现如图3-2-22所示：

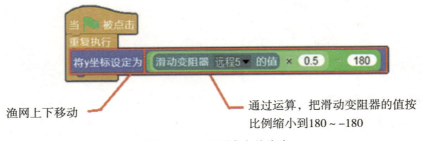

渔网上下移动

通过运算，把滑动变阻器的值按比例缩小到180～-180

图3-2-33   渔网角色的脚本

总结拓展：在日常生活中，滑动模块的使用也是很广泛的，如风扇的开关、燃气炉的火力大小控制等。

【我要创】

在以下创作中挑选其中一个试一试。

（1）设计用滑动模块控制气球变大变小的脚本。

（2）设计用滑动模块控制房间灯光明暗的脚本。

（3）设计用滑动模块控制球左右移动的脚本。

（4）创作用滑动模块控制角色的脚本。

【自我评价】

表3-2-3　自我评价表

通过本节课的学习，你有什么收获	
收　获	得　分
掌握了目标指令和滑动变阻器的用法	☆ ☆ ☆
尝试改变参数	☆ ☆ ☆
经历了"尝试—测试—调整—再测试"的过程	☆ ☆ ☆
与同学或教师沟通遇到的困难	☆ ☆ ☆
创作了一个新的脚本	☆ ☆ ☆

第四课　热情的啦啦队——坐标及条件判断

【我要学】

（1）会使用舞台的坐标。

（2）能使用条件判断指令，如"如果……否则……"。

（3）会使用数字和逻辑运算。

【课程引入】

本节课的主题是"友善"，鼓励同学也是一种友善的表现哦。森林运动会开始啦！我们班的小猫同学将参加100米跑步比赛，他的对手是隔壁班小狗同学，我们作为啦啦队，一定要为小猫加油鼓劲！

当我们大声喊"加油"的时候，小猫会跑得更快！

【我要做】

（一）硬件连接

除了主控外，还需要用到声音传感器，找到如图3-2-34所示的硬件：

图3-2-34　声音传感器

将USB数据线插入电脑USB接口。

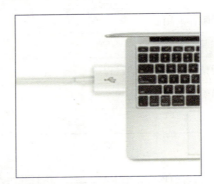

图3-2-35　USB数据线连接电脑

声音传感器连接到控制器1号端口。

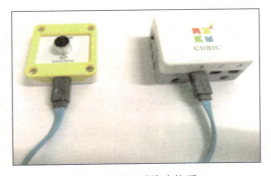

图3-2-36　硬件连接图

打开电源开关，电源指示灯亮起。

（二）ScratchPi程序的编写

（1）角色定位。

知识小提示：ScratchPi舞台的坐标分布：通常用X表示横向的坐标值（如图3-2-37橙色线所示）；用Y表示纵向的坐标值（如图3-2-37蓝线所示）。在舞台中移动鼠标，在角色属性处会即时显示鼠标所在位置的坐标值（如图3-2-37红色框所示）。

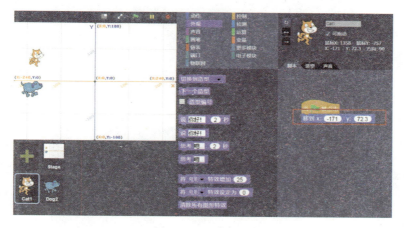

图3-2-37　坐标图

在ScratchPi媒体库中导入角色小猫、小狗及跑道背景，然后按照图3-2-38、图3-2-39、图3-2-40所示进行操作，把小猫、小狗快速定位到起跑线位置。

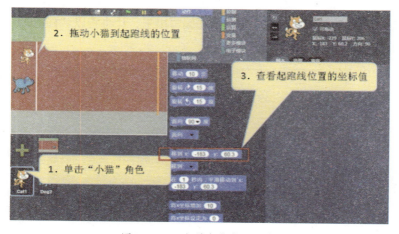

图3-2-38　小猫角色位置设定

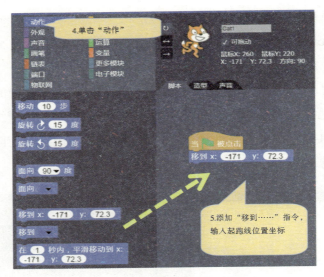

图3-2-39　小猫角色的代码脚本

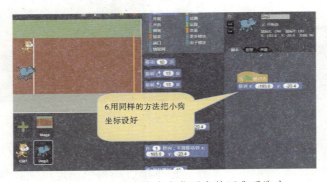

图3-2-40　移动小狗角色位置和编写代码脚本

根据前面所学的知识，把小狗的程序编写出来，让小狗以"移动2步"的速度进行移动。

图3-2-41　小狗角色的代码脚本

（2）"如果……否则……"：控制指令，常与侦测条件一起使用，当侦测条件成立时，执行"如果"框内的程序脚本模块；不成立时，执行"否则"框内的程序。

图3-2-42　分支指令

（3）逻辑运算。

声音传感器的值和运算"大于"指令，声音传感器的值随着接收到的音量的增大而增大。运算"大于"指令用于比较左边的值是否大于右边的值，如果大于，则条件成立。

图3-2-43　声音传感器条件

根据前面所学的知识，把小猫造型切换效果做出来。

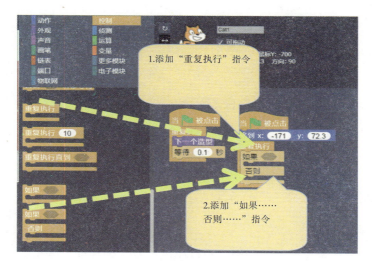

图3-2-44　小猫角色的代码1

图3-2-45　小猫角色的代码2

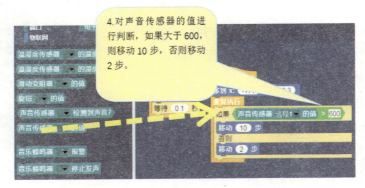

图3-2-46　小猫角色的代码3

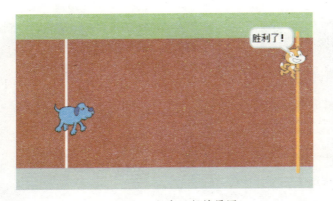

图3-2-47　程序运行效果图

【我要创】

综合运用本课及前面的知识，设计跳高比赛，即加油声音越大，跳得越高的情境。

【自我评价】

表3-2-4　自我评价表

通过本节课的学习，你有什么收获	
收　获	得　分
会使用舞台的坐标	☆ ☆ ☆
能使用条件判断指令"如果……否则……"	☆ ☆ ☆
会使用数字和逻辑运算	☆ ☆ ☆
课后收拾整理好实验器材	☆ ☆ ☆

第五课　噪声监测仪—— 有趣的画笔指令

【我要学】

（1）会使用ScratchPi软件的画笔指令。

（2）理解程序设计中的数值转化思想。

（3）会使用声音传感器控制画笔画出波形图。

【课程引入】

噪声常常出现在我们的生活中，有些噪声我们可以忽略，但有些噪声我们却无法忍受。小明家住在公园旁边的小区，公园广场舞的音乐声经常会干扰小区居民的正常生活，导致小区居民和跳广场舞的大妈偶尔出现一些不和谐的画面。为了让大家能和谐相处，我们为公园设计了一个噪声监测仪，它可以根据声音的大小，画出高低起伏的声音波形图。当波形超过红线时，表示噪声太吵，会影响周围居民的正常生活，这样跳舞的人群自然就会降低音量，跳广场舞的大妈和小区居民就可以和谐共处了。

【我要做】

（一）ScratchPi软件的画笔指令

画笔指令能精准地把角色移动的轨迹绘制出来。在绘制的过程中，我们还可以利用画笔的相关指令更改画笔的颜色、大小、色度等。

1. 运用画笔指令画直线

为了使画线效果更直观，我们更改角色造型为箭头。

图3-2-48　更改角色造型

按照以下操作，编写程序脚本，从而在舞台中心位置画出一条红色的直线。

图3-2-49　绘制直线

2. 运用画笔指令画正方形

按照以下操作，编写脚本，绘制四个方向的直线，组成一个正方形。

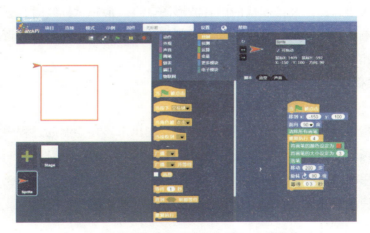

图3-2-50　绘制正方形

为了舞台的画面效果，我们可以对舞台或角色进行初始化设置，如图3-2-51所示。

图3-2-51　初始化设置相关指令

编写程序脚本，画出一个多彩正方形。

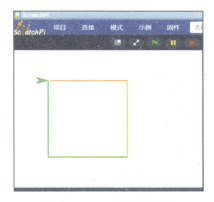

图3-2-52　程序运行效果

（二）器材准备

在套件中找到声音传感器、主控模块、连接数据线，并如图3-2-53所示连接好。

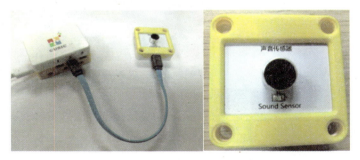

图3-2-53　相关硬件和连接图

注意：连接成功后，向声音传感器发出声音，声音传感器会闪烁蓝色灯。

（三）制作噪声监测仪

噪声监测仪功能描述：当声音传感器没有检测到噪声时，画出的波形线在红线（标准线）上，当噪声越大，波形就会越高。检测一段时间后，可以记录下每一时刻的噪声值，当波形图画到右边时，程序停止。

知识准备：声音传感器的检测值。

我们平时所了解的声音大小是用多少分贝来表示的，但ScratchPi的声音传感器测量值只是一个记录声音大小的模拟值，这个声音传感器模拟值的范围是

170～700，并不是分贝值。

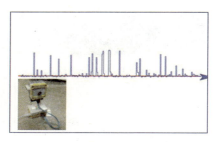

图3-2-54　噪声监测仪

（四）制作噪声监测仪的操作步骤

1. 设计舞台背景

设计噪声监测仪的舞台背景，中间红线为噪声大小的标准线。

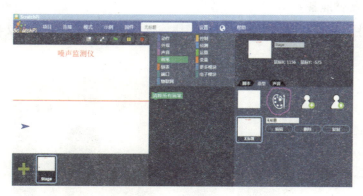

图3-2-55　设计舞台背景

2. 根据声音大小画波形图

要制作噪声监测仪，就是要让声音传感器收集到的数值大小来控制画笔画出波形图。当收集到的数值越大，波形越高。随着时间的推移，画笔不断地向右画出波形，这就是要将画笔坐标值随着时间的变化做出不同的变化。

x值：因为画笔一直向右移，所以x值要每次增加一个固定值。

y值：y值随着声音传感器收集到的数值大小而变化。

注意：将声音传感器收集到的数值与舞台区的y值进行匹配。这时要进行一个数值计算：`将y坐标设定为 声音传感器 远程2▾ 的值 / 7`，为了让波形图与所画的噪声标准线相匹配，我们还需要对y坐标值做一个加或减的运算。

噪声监测仪完整程序如图3-2-56所示。

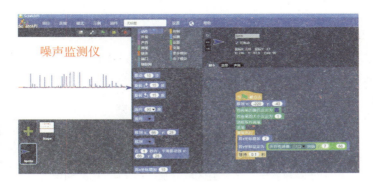

图3-2-56　完整程序

3. 设置画笔结束

为了使画笔画到右边缘时停止画波形图，我们更换一个"重复执行"指令。

图3-2-57　更换"重复执行"指令

4. 搭建作品外观

刚才我们调试的电子元件和程序能根据声音的大小画出波形图，但它还不能称作一个完整的创客作品。我们还需要设计并制作出它的外形，让它结合程序制作成一个噪声监测仪实物。尝试为公园搭建一个既美观又实用的噪声监测仪吧！

图3-2-58　噪声监测仪外观

【我要创】

为婴儿设计一个哭声监测仪，当声音传感器检测到婴儿哭声时，提示家长注意。

生活中的噪声：

噪声产生在我们日常生活中的每时每刻，它关系着人们的生活质量和社会和谐。让我们一起来了解一下日常生活中的噪音标准吧。

表3-2-5　国家噪声标准表

类 别	区 域	白 天	夜 晚
0	按键疗养区、高级别墅区、高级宾馆区等特别需要安静的区域，位于城郊和乡村的这一类区域分别按严于0类标准5dB执行	50	40
I	以居住、文教机关为主的区域，乡村居住环境可参照执行该类标准	55	45
II	居住、商业、工业混杂区	60	50
III	工业区	65	55
IV	城市中的道路交通干线道路两侧区域、穿越城区的内河航道两侧区域。穿越城区的铁路主、次干线两侧的背景噪声（指不通过列车时的噪声水平）限值也执行该类标准	70	55

分贝数

1~15dB　寂静
15~20dB　安静
20~40dB　耳边的喃喃细语
40~60dB　正常交谈
60~70dB　吵闹
70~90dB　很吵，开始损害听力
100dB以上　对听力造成极大损害

图3-2-59　噪声影响

【自我评价】

表3-2-6　自我评价表

通过本节课的学习，你有什么收获			
收　获	得　分	收　获	得　分
会用ScrathPi画笔指令画图形	☆☆☆		
能制作噪声监测仪	☆☆☆	能创作出与声音检测相关的生活应用	☆☆☆
本节课小组合作学习得怎样	☆☆☆	课后收拾整理好实验器材	☆☆☆

第六课　联欢晚会——广播的妙用

【我要学】

（1）会给角色或舞台导入声音文件，并用"声音"指令控制声音的播放。

（2）会通过 重复执行 10 指令实现造型和声音的同步。

（3）会调节RGB全彩灯的色彩。

（4）会对图片进行透明处理。

（5）会用"广播"指令给舞台或角色发出信息。

（6）会用"接收……广播"控制指令接收舞台或角色发出的信息。

【课程引入】

为了庆祝六一儿童节的到来，五羊小学举行了一场特殊的设计比赛：每个班的学生用ScratchPi编程来设计一场有趣的联欢晚会，比一比，看看哪个班的学生设计得最精彩！

【我要做】

（一）角色和背景的导入

1. 导入角色及造型

从ScratchPi媒体库中导入不同造型的"Ballerina"角色，并编写重复切换造型的程序脚本，如图3-2-60所示。

图3-2-60　添加角色及脚本

2. 上传背景

从光碟素材中选择舞台背景并上传。

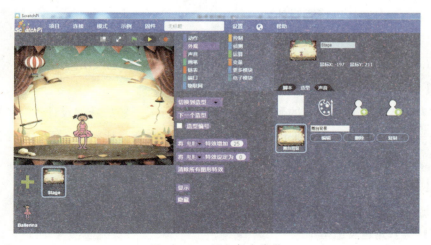

图3-2-61　添加舞台背景

（二）声音的导入

按照图3-2-62所示的操作，给"Ballerina"角色添加音乐伴奏。

图3-2-62　从声音库中选择声音

图3-2-63　插入声音

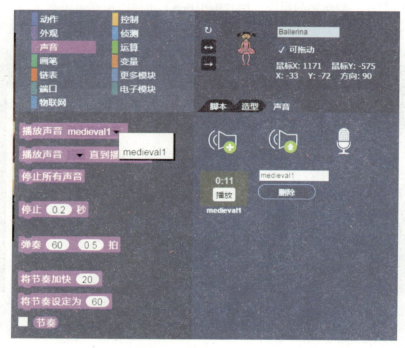

图3-2-64　选择"播放声音"指令

图3-2-65　编写程序

播放声音 medieval1 ▼：声音指令，表示播放一个声音文件，直到播放结束后，继续执行下一个指令。

播放声音 medieval1 ▼ 直到播放完毕：声音指令，表示播放一个声音文件的同时，执行下一个指令。

ScratchPi的角色和舞台都可以导入声音文件，但每个角色或舞台的声音文件不能共用。如果同一个声音文件要在不同的角色中使用，需分别导入。

（三）造型和声音的同步控制

按照图3-2-66所示的操作，运用限制次数的"重复执行"指令修改程序脚本，实现舞蹈动作造型与声音同步的效果。

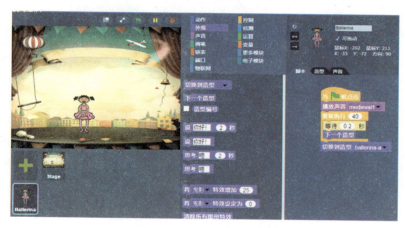

图3-2-66 程序代码

重复执行 10：控制指令，表示根据指定的次数重复执行框内的程序脚本模块。

（四）RGB全彩灯色彩的调节

如图3-2-67所示步骤，设置与声音造型同步的灯光效果。

全彩灯由三种颜色组成，分别是红、绿、蓝。每种颜色的值在0~255，0表示灯不亮，数值越大，灯越亮。与光的三原色调色相同，我们可以通过设置红灯、绿灯、蓝灯不同的亮度，从而调配出其他颜色的灯光。

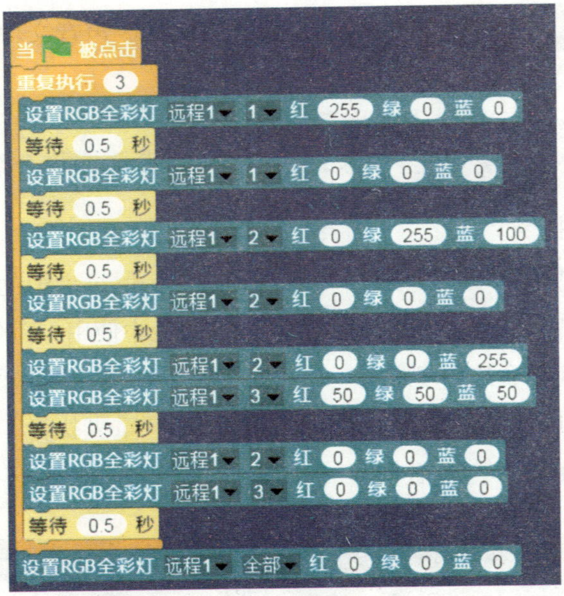

图3-2-67　全彩灯程序代码

（五）图片背景色透明化处理

完成了联欢晚会第一个节目的设计后，我们来进行第二个节目《欢乐佩奇家族手指舞》的节目设计。但是佩奇家族的图片都是带有背景的，我们该如何处理呢？

请按如下步骤，对"欢乐佩奇家族手指舞"图片进行背景透明化处理。

（1）打开网站"稿定设计"https：//www.gaoding.com/koutu/，上传需要处理的图片。

图3-2-68　上传待处理图片

（2）调整笔刷大小，使用保留画笔画出需要保留的区域，使用剔除画笔画出需要剔除的区域。

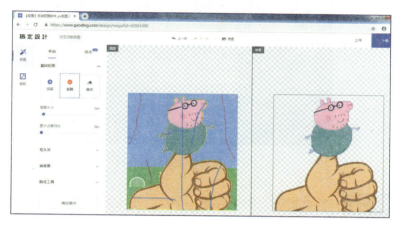

图3-2-69　图片背景透明化处理

（3）点击"下载"，保存处理好的图片。

按照以上步骤，分别处理佩奇家族不同成员的手指舞图片，并作为同一角色的不同造型导入舞台中。

（六）角色间的收发广播

（1）修改程序脚本，实现芭蕾舞演员表演结束后，从舞台离开，并发出"节目2"开始的广播。

图3-2-70　修改芭蕾舞演员角色的代码

（2）给"佩奇家族"角色编写脚本，实现当接收到"节目2"的广播后，通过声音和造型的同步变化，表演快乐手指舞。

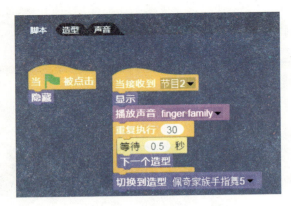

图3-2-71　佩奇家族角色的代码

广播 ▾：控制指令，用于广播一个消息给所有角色，然后继续执行后面的指令。

当接收到 ▾：控制指令，表示当接收到一个特定的广播后，运行其下面的程序脚本模块。

【我要创】

尝试利用"广播"与"接收广播"指令，给《欢乐佩奇家族手指舞》节目更换一个更合适的舞台背景。

（1）按照如下图示步骤，绘制新背景。

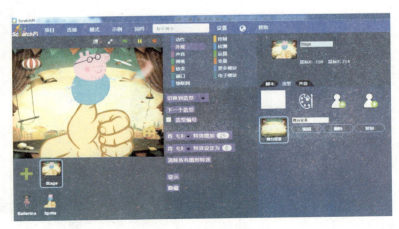

图3-2-72　添加舞台背景

图3-2-73　绘制舞台背景

（2）给舞台背景添加脚本，实现演出不同节目时背景的自动切换。

图3-2-74　给舞台背景添加脚本

【自我评价】

表3-2-7　自我评价表

通过本节课的学习，你有什么收获			
收　获	得　分	收　获	得　分
会对图片进行透明化处理	☆ ☆ ☆	会使用全彩灯	☆ ☆ ☆
会使用"重复执行……次"，实现造型和声音的同步	☆ ☆ ☆	会用"广播"给舞台或角色发出信息	☆ ☆ ☆
本节课小组合作学习得怎样	☆ ☆ ☆	课后收拾整理好实验器材	☆ ☆ ☆

第七课 大鱼吃小鱼—— 随机数使用与颜色侦测

【我要学】

（1）理解并掌握"数字与逻辑运算"模块中"随机"命令、"判断大小"命令。

（2）认识超声波传感器，会侦测距离并进行大小判断。

（3）巩固颜色侦测以及"外观"模块中的"显示""隐藏""造型"等命令。

【课程引入】

小鱼在水中随机游动，碰到边缘就反弹，如果小鱼的头碰到大鱼的嘴巴，就会被吃掉，然后会在随机的另一地点出现。大鱼始终跟随鼠标游动，大鱼吃掉小鱼后，嘴巴动两下咀嚼食物。

【我要做】

（一）准备工作

学生自主完成舞台背景（"natural"文件夹下underwater背景图片）、角色（Annimal文件夹中fish1-a、fish1-b和fish3）的添加，调整角色的大小，并且完成大鱼跟随鼠标游动的脚本编写。

图3-2-75　大鱼角色的代码

（二）脚本编写

1. 随机数

随机数就是计算机随机产生的数字序列。

练习：以前学过两种平滑移动。

图3-2-76　两种平滑移动的代码

前者在同一条线上往返移动，不能自己改变方向；后者通过控制起始点坐标平滑移动，缺少随机性。

因为后者需要设定起始坐标，不具有随机性，所以我们使用前者的编程方法。为了达到自己改变方向的效果，使用"数字和逻辑运算"模块的 `在 1 到 10 间随机选一个数` 脚本，搭配旋转使用 `旋转 ↻ 在 1 到 10 间随机选一个数 度` ，使得小鱼能够随机地改变游动的方向。在此基础上，编写脚本如图3-2-77所示。

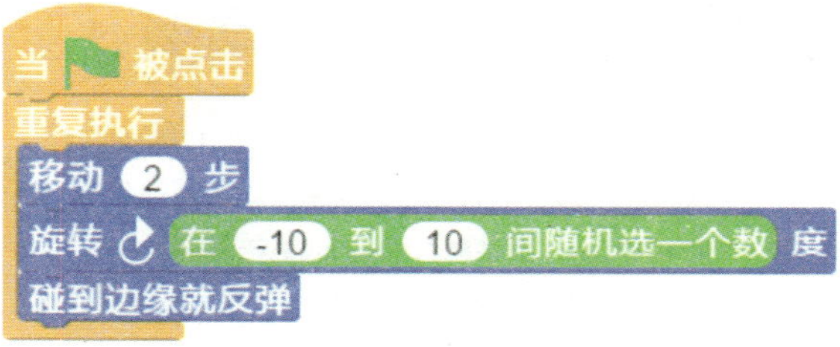

图3-2-77　随机改变移动方向

演示结果发现，小鱼按顺时针方向做大小不同的圆周运动。因为我们用的随机数都是正数，所以导致旋转方向都是顺时针，要将随机数改为正负 `旋转 ↻ 在 -10 到 10 间随机选一个数 度` ，此时小鱼可以随机向不同方向游动，但是有时会变成仰泳。为此，我们还需要修改角色资料区方向，将小鱼的旋转方式改为只允许左右。同学们还可以更改正负数的数值大小，看看小鱼发生了什么变化。

2. 隐藏与显示

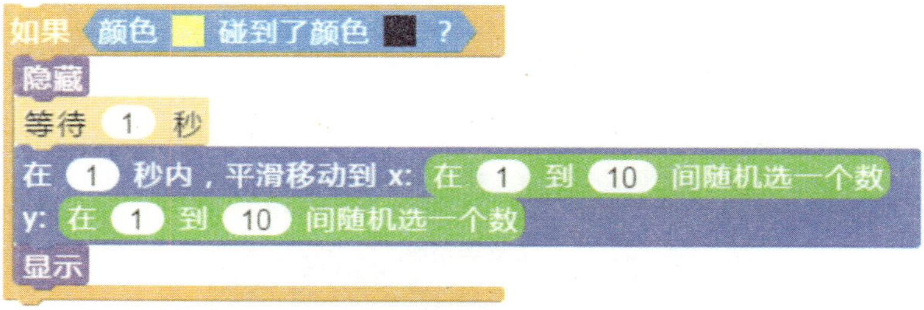

图3-2-78　隐藏与显示1

通过之前的游戏分析我们知道：如果小鱼的头碰到大鱼的嘴，小鱼被吃掉=消失（外观—隐藏）。通过演示程序我们发现，小鱼身体的任何部位碰到大鱼的嘴都会被吃掉，并没有凸显小鱼的头。在这里我们不再使用 碰到颜色 ，而是用到 颜色 碰到了颜色 ？，即小鱼头部的黄色碰到了大鱼嘴巴的黑色，小鱼被吃掉。为了不让小鱼全被吃光，要在每条小鱼被吃掉两秒后，让小鱼重新随机出现。

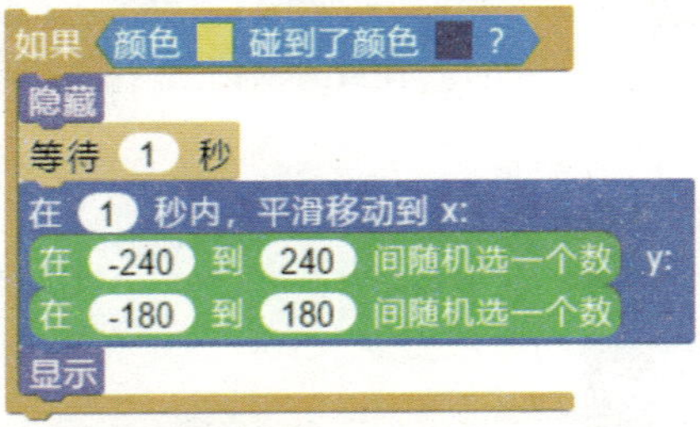

注：这里的240和180分别是舞台的最大x坐标和最大y坐标。

图3-2-79　隐藏与显示2

小鱼被吃掉的同时，大鱼会动两下嘴巴咀嚼食物。由于此次程序效果涉及两个角色，因此我们要使用控制模块中的 广播 我被吃了▼ 和 当接收到 我被吃了▼。

小鱼最终的脚本为：

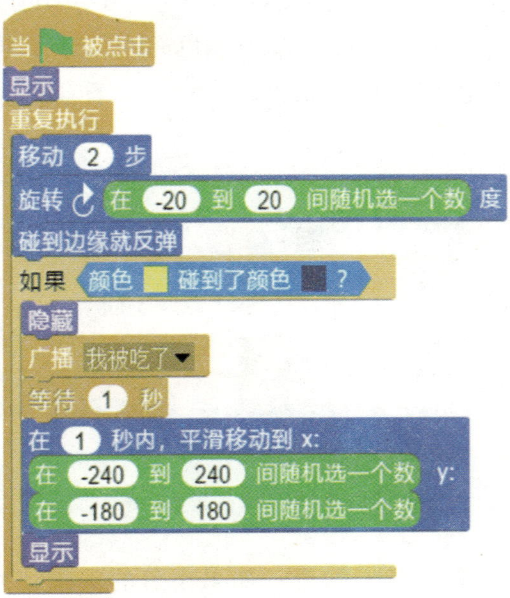

图3-2-80　小鱼角色最终的脚本

178

想一想：为什么要在程序最开始的位置加上"显示"命令？

3. 广播与接收广播

小鱼被吃掉的同时，已经发送了广播命令，此时大鱼收到命令咀嚼食物。咀嚼食物的脚本和之前学习的人物角色走路同理，就是大鱼重复两次张开嘴、闭上嘴的动作，学生自主完成。

注：因为控制大鱼咀嚼的是小鱼的广播，所以这里用到的控制程序是 当接收到 我被吃了▼

图3-2-81　广播与接收广播的脚本

4. 作品展示，完善脚本

在演示作品时，我们发现当鼠标停留在某点时，大鱼频繁地左右摇摆。针对这个问题，我们将大鱼游动这部分脚本进行修改完善。

图3-2-82　大鱼角色优化后的脚本

这里我们用到了新的循环判断语句"如果……就重复执行"，在这条命令的理解上要参考它的英文解释，当条件判断为"真"时，执行"如果"里的动作，否则重复判断是否满足条件。新的程序原理是重复判断大鱼到鼠标的距离是否大于15，如果是则面向鼠标移动，否则停在原地。

5. 超声波传感器

超声波碰到杂质或分界面会产生显著反射，从而形成回波，当碰到活动物体时能产生多普勒效应。超声波检测广泛应用在工业、国防、生物医学等方面。超声波距离传感器可以广泛应用在物位（液位）监测、机器人防撞、各种超声波接近开关，以及防盗报警等相关领域。

在电子积木中也有超声波传感器。

可使用 `说 超声波 远程2 的距离 2 秒` 检测超声波与物体距离的值，数值越大，距离越远。

【我要创】

使用积木拼装出大鱼和小鱼，大鱼安装超声波传感器。编写脚本使大鱼快接近小鱼时发出提示。

【自我评价】

表3-2-8　自我评价表

通过本节课的学习，你有什么收获			
收　获	得　分	收　获	得　分
理解并掌握"数字与逻辑运算"模块中"随机"命令、"判断大小"命令	☆☆☆	知道超声波传感器的作用	☆☆☆
会运用控制模块的"广播"与"接收"命令	☆☆☆	本节课小组合作学习得怎样	☆☆☆
侦测距离并进行大小判断	☆☆☆	课后收拾整理好实验器材	☆☆☆

第八课　收苹果——神奇的变量

【我要学】

（1）了解"当角色被点击"控制指令的作用。

（2）会用"当角色被点击"指令控制程序脚本的执行。

（3）会新建变量，并对变量的值进行设置。

（4）会对变量进行简单的计算。

（5）会连接数码管，并使用指令显示时间。

【课程引入】

秋天是丰收的季节。果园里，成熟的大苹果扒开绿叶，笑眯眯地看着这个世界，当她从果树妈妈身上跳下来的时候，千万别摔疼了她。现在，我们用

ScratchPi来实现"接苹果"的游戏吧！

【我要做】

（一）"当角色被点击"指令的使用

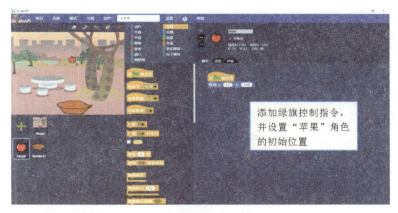

图3-2-83 设置苹果角色的初始位置

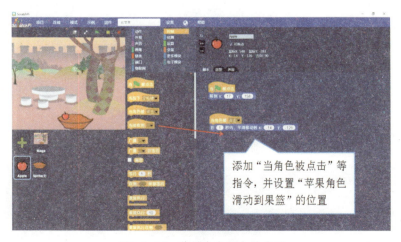

图3-2-84 苹果角色添加的代码

当角色被 点击 ：控制指令，表示当单击指定的角色后，运行其下面的程序脚本模块。

（二）变量的使用

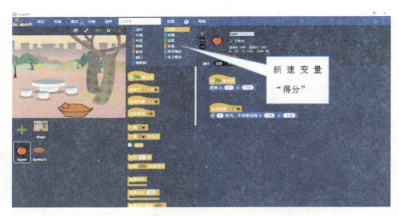

图3-2-85　新建变量

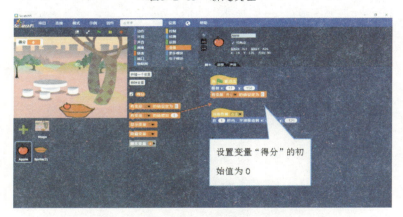

图3-2-86　"得分"变量设定初始值

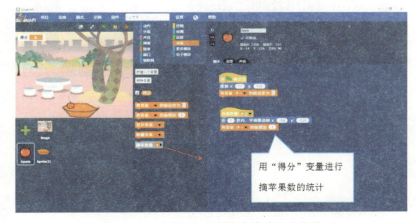

图3-2-87　"得分"变量统计摘苹果的数量

变量在程序运行过程中可以取不同的值。用"新建一个变量"可以创建一个自己命名的变量，然后可以用相关指令设定它的值，也可以运用它来进行计算。

例如，上述程序脚本中的 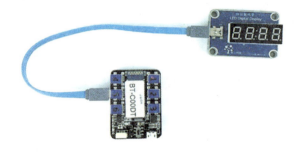 指令，表示把"得分"变量的值增加1。如果"得分"的当前值是1，那么执行了这条指令后，它的值就会变成2。

（三）ScratchPi硬件的连接

数码管用于显示特定的数值。

1. 硬件连接

四位数码管—>远程5。

图3-2-88　硬件连接图

2. 软件实现

在ScratchPi模式下进行编程，给角色添加如图3-2-89所示的脚本。

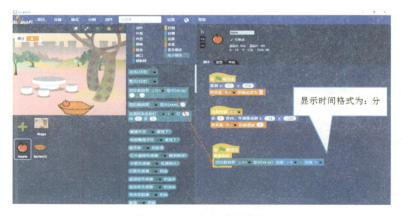

图3-2-89　添加时间代码

【我要创】

添加更多的苹果，并且设置当摘苹果的数量达到"10个"时，给出"成功"提示。

能否修改程序，实现只能摘10个苹果，当摘苹果的个数超过10个时，给出"不能再摘更多的苹果"，使数码管显示摘到苹果的数量？

【自我评价】

表3-2-9　自我评价表

通过本节课的学习，你有什么收获			
收　获	**得　分**	**收　获**	**得　分**
会用 当角色被 点击▼ 控制程序脚本的运行	☆ ☆ ☆	会新建一个变量	☆ ☆ ☆
会对变量设定数值	☆ ☆ ☆	会用程序指令对变量进行简单计算	☆ ☆ ☆
会连接四位数码管	☆ ☆ ☆	会用指令在四位数码管上显示时间	☆ ☆ ☆
本节课小组合作学习得怎样	☆ ☆ ☆	课后收拾整理好实验器材	☆ ☆ ☆

第九课　太空大战——侦测展身手

【我要学】

（1）会使用侦测程序。

（2）会多个传感器结合使用。

【课程引入】

中华人民共和国成立后，在中国共产党的领导下，我们的国家变得越来越富强，国家对太空的探索也越来越深入。同学们也对太空充满着好奇，这节课将做一个与太空有关的游戏——太空大战。

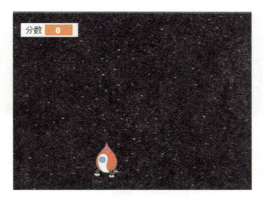

图3-2-90　太空大战

"太空大战"游戏的功能有以下几个方面：

（1）太空飞船跟随滑动变阻器移动。

（2）太空蝙蝠随机出现在舞台中。

（3）触发红外避障传感器发射炮弹，当炮弹碰到太空蝙蝠时，消灭太空蝙蝠。

（4）统计出被消灭蝙蝠的数量。

（5）当太空飞船碰到太空蝙蝠时，提示失败；当分数达到100时，提示成功。

请参考图3-2-91框架，说说这个游戏的主要思路。

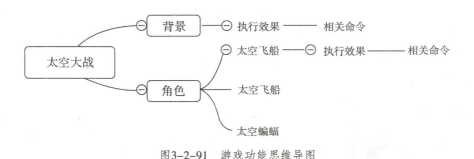

图3-2-91　游戏功能思维导图

【我要做】

（一）ScratchPi硬件的连接

找到如下模块：主控、滑动变阻器、红外避障传感器。滑动变阻器连接端口1，红外避障传感器连接端口2。

图3-2-92　硬件连接图

（二）游戏界面的设计

按照如下操作，设计游戏相关背景和角色。

1. 导入角色与绘制角色

在"添加新角色"区中点击"导入角色"，然后如图3-2-93所示操作导入角色。

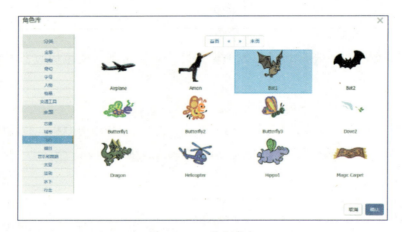

图3-2-93　导入角色

运用同样的方法导入其他角色。

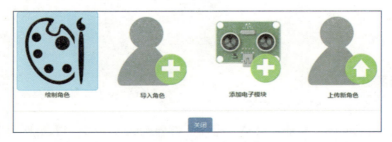

图3-2-94　导入其他角色

运用同样的方法绘制"游戏成功"角色。

图3-2-95　导入"游戏成功"角色

2. 设计背景

单击"Stage"—"造型"—"导入新背景"，设计游戏的背景图。

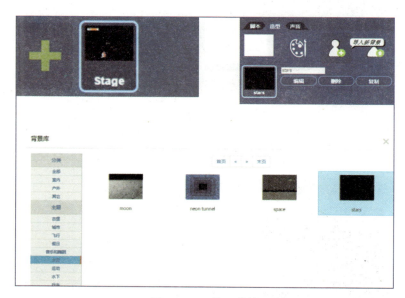

图3-2-96　导入背景

（三）脚本的编写

编写"太空大战"的程序脚本。

（1）利用滑动变阻器实现飞船随着滑动变阻器滑动。

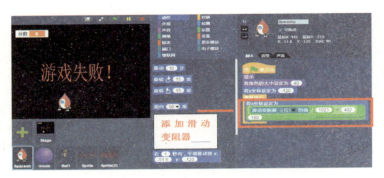

图3-2-97 添加滑动变阻器代码

（2）利用红外避障传感器、随机数和侦测实现炮弹Boom和BAT1的随机出现与克隆、触发红外避障传感器克隆发射炮弹。

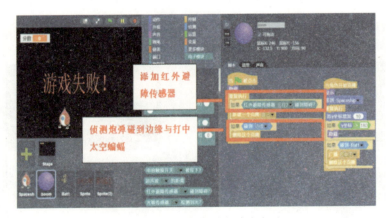

图3-2-98 添加侦测炮弹的代码

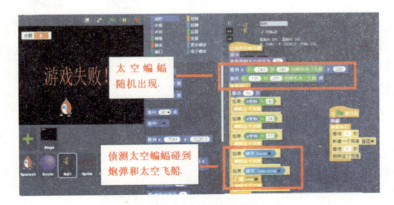

图3-2-99 添加侦测蝙蝠的代码

利用广播实现分数的增加。

图3-2-100　添加广播的代码

图3-2-101　添加接收广播的代码

（3）利用广播实现在特定条件下显示"游戏失败"或"游戏成功"。

图3-2-102　添加游戏失败的代码

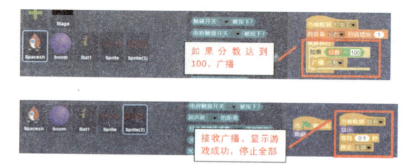

图3-2-103　添加游戏成功的代码

【我要创】

综合课本或者前面所学的知识，个性优化"太空大战"游戏。

提示：

（1）增加传感器。

（2）设置任务关卡。

【自我评价】

表3-2-10　自我评价表

通过本节课的学习，你有什么收获	
收　获	得　分
会使用侦测程序	☆☆☆
会多个传感器结合使用	☆☆☆
课后收拾整理好实验器材	☆☆☆

第十课　疯狂的小鸟——ScratchPi综合练习

【我要学】

（1）培养合理应用各类信息资源。

（2）了解ScratchPi语言脚本思维流程。

（3）合理结合ScratchPi的硬件组合应用。

【课程引入】

　　同学们都玩过"愤怒的小鸟"游戏，今天我们进行改版，一起来创建一个"疯狂的小鸟"游戏，任务目标是小鸟排除万难，赶乘神舟火箭飞上太空（演示样例）。

【我要做】

（一）ScratchPi硬件的连接

硬件连接。

找到如图3-2-104所示的模块。

图3-2-104 相关硬件

如图3-2-105所示连接，模块连接到1号端口，并连接电脑。

图3-2-105 硬件连接图

打开电源开关，电源指示灯常亮。

（二）ScratchPi程序的编写

1. 设计思路制定

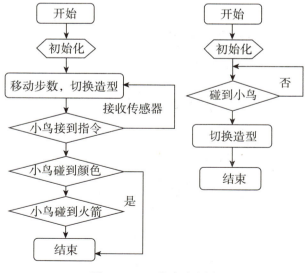

图3-2-106 程序流程图

让学生学会在任务前要有条理地解决项目困难。

2. 素材的导入

把相关的素材依次导入程序中，如小鸟、障碍物、火箭等。

3. 编程示例

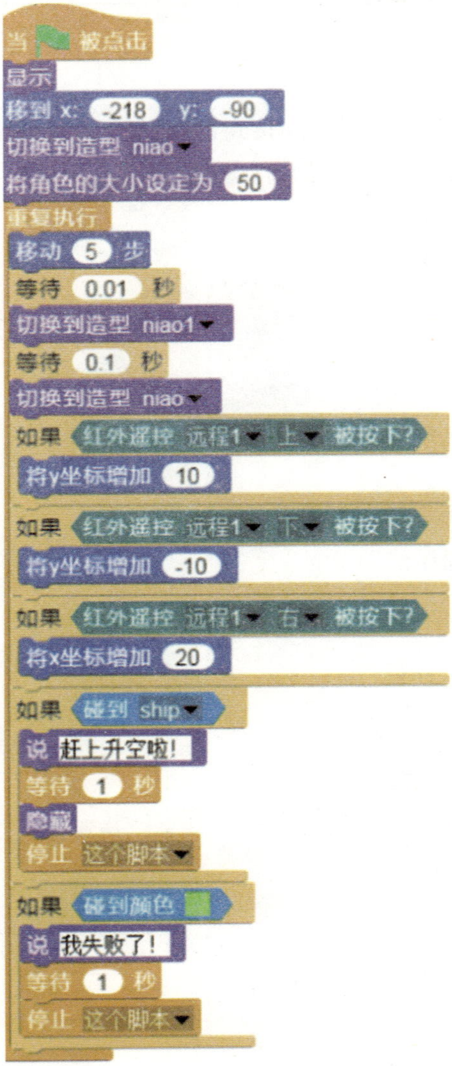

图3-2-107　程序代码1

图3-2-108　程序代码2

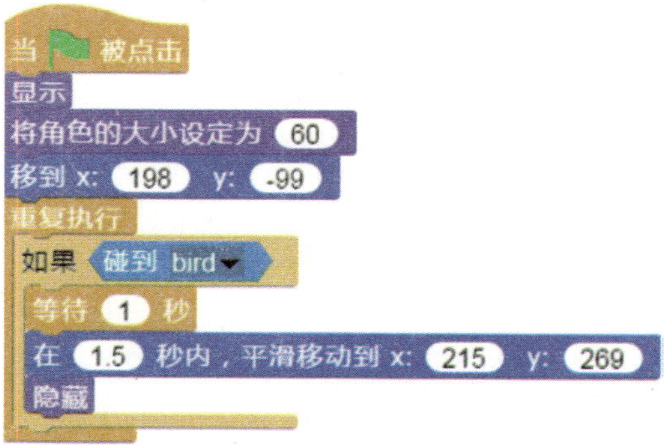

图3-2-109　程序代码3

4. 运行程序

利用遥控器控制小鸟的飞行，调试实现游戏效果。

【我要创】

小组创作个性化"疯狂的小鸟"游戏。

要求：

（1）制定设计的思路（关卡数、得分计算、效果设计等）。

① 要求由浅入深、由易到难逐层深入。

② 按任务1：1关卡、任务2：2关卡……循序渐进。

③ 素材尽量精简，不用过多后期创作。

（2）分工做前期准备［硬件连接、素材导入、写流程图（A4纸）］。

（3）合作编写程序。

【自我评价】

表3-2-11　自我评价表

通过本节课的学习，你有什么收获	
收　获	得　分
培养合理应用各类信息资源	☆ ☆ ☆
了解ScratchPi语言脚本思维流程	☆ ☆ ☆
合理结合ScratchPi的硬件组合应用	☆ ☆ ☆
课后收拾整理好实验器材	☆ ☆ ☆

第十一课　未来城市交通之梦——开启创客之旅

【我要学】

（1）在实践中发现问题，分析问题产生的原因、优点与不足，从而得出解决问题的方法。

（2）设计自动感应红绿灯方案。

（3）自动感应红绿灯方案，确定材料、需要的电子模块，编写脚本。

（4）ScratchPi编程软件中的Arduino模式编程，学会上传代码，将程序下载到芯片中运行。

（5）自动感应红绿灯脚本编写，上传代码，完成作品。

【课程引入】

要建立一个富强的国家，我们必须不断地创新，掌握大量的科学技术，拥有自己的知识产权。如果我们研究出一些高新、领先的尖端技术，可以向国家专利局申请专利，从而获得专利权。下面我们来分析一项专利技术，加深我们对这一领域的了解。

【我要做】

（1）创新思维，就必须从生活中发现问题，多观察、分析生活中的问题，从而找到更好的方法解决问题，这样才能成为一个真正的创客。

（2）交通存在问题的分析。

① 城市交通最大的问题——塞车。

② 塞车的主要原因——十字路口。

③ 分析十字路口塞车的原因。

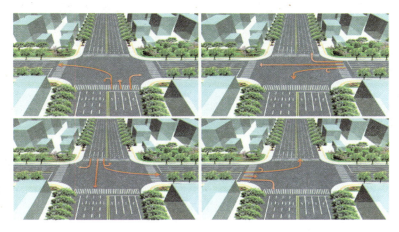

图3-2-110 十字路口

结论：

十字路口有4个来车口，共16股车流，4条人行道。

图3-2-111 十字路口分析图1

如果十字路口的16股车流同时通过，就会非常混乱。

于是，设置红绿灯，在红绿灯的疏导控制下，车辆行人分四批通过马路。

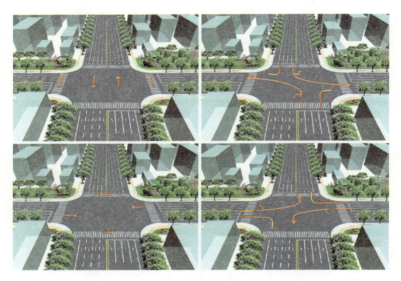

图3-2-112　十字路口分析图2

结论：

分四次把16股车流、4股行人送过十字路口。四次为一个红绿灯周期。这个周期决定了十字路口最多只有四分之一的车辆可以通过，车辆最多只有四分之一的时间可以通过。

存在问题：

对于每个路口来说，通行时间为四分之一。

在一天里，通行时间为6小时，等待时间为18小时。

所以，感觉总是在等红灯。因为十字路口只有四分之一的车辆在通过。城市堵车成为常态。

思考：

能找到更好的方法吗？

图3-2-113是最新十字路口的设计，可以把16股车流、4条人行道的行人同时送过马路，互不干扰，一路绿灯将成为现实。（请观看设计动画展示）

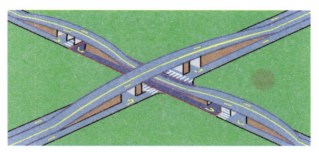

（说明：在人流量大的地方，把斑马线改为天桥或隧道）

图3-2-113　十字路口创新设计

讨论：

（1）在以上设计中，行人过马路采用人行道好，还是天桥好？说说你的看法。

（2）行人如何过马路，怎样设置人行道红绿灯？

设计方案：

（1）行人如何通过马路？请你想办法设计一个人行道的红绿灯。结合编程，使红绿灯感应到行人，等待20秒自动转绿灯；如果感应不到行人，显示红灯，提高车辆通行率。

（2）准备所需的电子模块，先写出来。

我的方案：

材料准备：

编写脚本：

（1）认识Arduino模式。

ScratchPi 软件中自带Arduino模式，Arduino可以把编写好的程序上传到芯片中，控制机器人。这样可以拔掉与电脑的连线，使机器人脱离电脑，自由运动。

（2）Arduino的基本操作，启动Arduino模式。

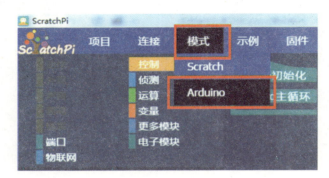

图3-2-114　Arduino模式选择

Arduino脚本编写与ScratchPi类似，但是少了动画与游戏，没有舞台部分。脚本编写完成后，要上传代码到机器人芯片。

图3-2-115　上传代码

（3）直流电机。

用积木拼装小车，使用两个直流电机控制小车两个动力轮的运动。

图3-2-116　直流电机控制指令

以上都是与直流电机相关的指令。当两个直流电机方向相同和速度相同时，小车直行；当两个直流电机方向不同或速度不同时，小车转弯。

作品展示：

（1）根据自己的设计，展示介绍作品，分享交流。

（2）修改方案，编程，汇报总结。

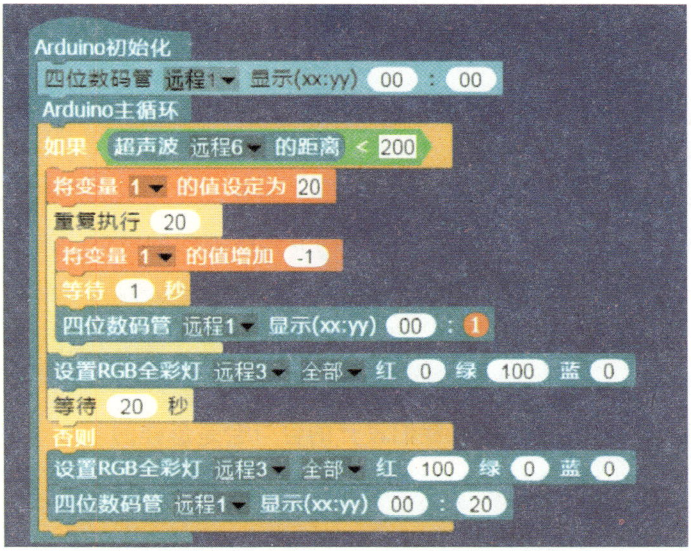

图3-2-117　参考程序

【自我评价】

表3-2-12　自我评价表

通过本节课的学习，你有什么收获	
收　获	**得　分**
从生活实践中发现问题，分析问题产生的原因、优点与不足，从而得出解决问题的方法	☆ ☆ ☆
从分析城市交通问题中提炼出设计自动感应红绿灯方案	☆ ☆ ☆
根据自动感应红绿灯方案，确定材料、需要的电子模块，编写脚本	☆ ☆ ☆
会使用ScratchPi编程软件中的Arduino模式编程，学会上传代码，将程序下载到芯片中运行	☆ ☆ ☆
会使用直流电机驱动小车在道路中行驶	☆ ☆ ☆
课后收拾整理好实验器材	☆ ☆ ☆

第十二课　智能台灯——智造更美好

【我要学】

（1）运用叙述、图示等方式表达自己的设计。

（2）自己设计的台灯外形。

（3）天黑开启与天明关闭台灯的程序。

（4）智能台灯的程序。

【课程引入】

台灯是同学非常熟悉的一种电子产品。随着人类文明的进步，我们也开始追求更智能的台灯，例如能识别环境光调节光线强弱的台灯、能在人离开后自动关灯的台灯……今天我们尝试使用ScratchPi设计一款智能台灯，它在外形或功能上会有哪些智能体现呢？

【我要做】

（一）脑洞大开，填一填，我们设计的台灯会是怎样的

图3-2-118　台灯构思

我们来试着制作一个天黑开灯、天亮关灯的台灯。

（二）台灯结构的搭建

（1）找出光敏传感器模块、RGB全彩灯模块、主控模块和结构积木。

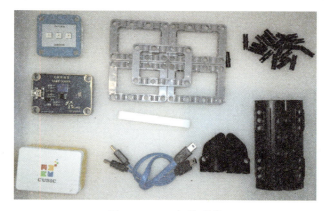

图3-2-119　相关硬件

（2）按照台灯的结构搭建底座、支架和灯罩。

图3-2-120　底座

图3-2-121　灯罩和支架

（3）组装并把光敏传感器接在远程1端口，RGB全彩灯接在远程2端口。

图3-2-122　台灯外观

（三）ScratchPi程序的编写

（1）编程示例。

程序流程图如下图3-2-123所示。

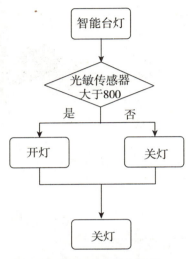

图3-2-123　程序流程图

根据流程图，编写程序。

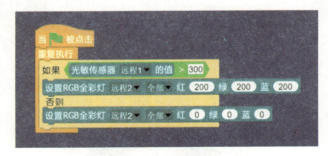

图3-2-124　台灯程序

（2）连接串口，运行程序。

如何使台灯在夜晚且有人在的情况下才开启？我们可以增加一个红外避障传感器。

运算选项卡中的　**且**　代表两个条件同时满足，我们可以使用该指令来优化程序。

（3）编程示例。

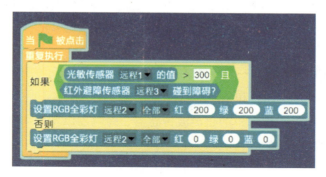

图3-2-125　智能台灯程序

【我要创】

你还想到了哪些功能或者结构可以继续优化智能台灯？

图3-2-126　硬件参考

【自我评价】

表3-2-13　自我评价表

通过本节课的学习，你有什么收获			
收　获	得　分	收　获	得　分
会制作台灯的结构	☆☆☆	能给台灯设计两种以上的功能	☆☆☆
会写天黑开灯、天亮关灯的程序	☆☆☆	台灯能调试成功	☆☆☆
本节课小组合作学习得怎样	☆☆☆	课后收拾整理好实验器材	☆☆☆

第十三课　空气演奏仪——无形的乐器

【我要学】

（1）会使用主控模块、电子积木和积木颗粒搭建演奏仪结构组合。

（2）能综合运用循环和条件控制指令等编写程序脚本。

（3）会运用电子积木中的超声波传感器、蜂鸣器以及RGB全彩灯等模块实现自动感应的音调切换。

【课程引入】

在母亲节到来的时候，当你的小伙伴生日的时候，你有没有想过给他们准备一个小惊喜呢？如果能够为他们现场演奏一曲，是不是更有意思？今天，我们将利用超声波传感器和音乐蜂鸣器等模块来制作一个空气演奏仪，完成你的心愿。

【我要做】

（一）空气演奏仪结构的搭建与连接

（1）找到如下模块，想一想模块与电脑之间是如何沟通合作的，怎样才能帮助我们完成演奏呢？①谁和谁连接？用线连一连。②它们之间传递什么信息？写一写。

控制器模块　　　　　　　　　　　　　电脑

超声波模块　　　　音乐蜂鸣器模块　　　RGB全彩灯模块

图3-2-127　相关硬件

（2）如图3-2-128所示，将模块与积木颗粒搭建组合成演奏仪，并用数据线连接起来。

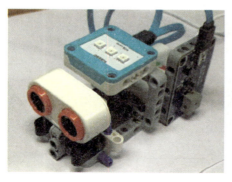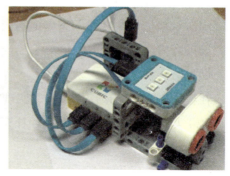

图3-2-128　参考外观

在表格中记录下各端口对应的模块。

表3-2-14　端口对应的模块

端　口	模　块
1	
2	
3	

如范例中超声波模块连接到1号端口、音乐蜂鸣器模块连接到2号端口、RGB全彩灯模块连接到3号端口，则应记录为：

表3-2-15　端口对应模块参考

端　口	模　块
1	超声波模块
2	音乐蜂鸣器模块
3	RGB全彩灯模块

（3）连接控制器模块与计算机，并且打开控制器模块电源开关，电源指示灯常亮。

（二）演奏do与re的程序结构

（1）如何能够实现按距离发出不同音调和不同颜色的灯光？填一填。

如果障碍物距离近，发出_____音，亮_____光。

如果障碍物距离远，发出_____音，亮_____光。

在程序编写时应该使用结构来实现。（顺序结构、循环结构、选择结构）

（2）与同桌讨论，将程序流程补充完整。

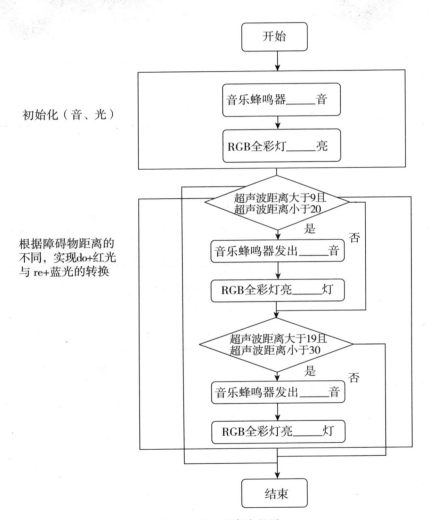

图3-2-129　程序流程图

（三）空气演奏仪程序脚本的编写

打开"空气演奏仪"文件，编写程序脚本，运行并调试，完成后保存。

1. 音乐蜂鸣器指令

图3-2-130　蜂鸣器指令

音乐的音调是蜂鸣器发出不同频率的声音产生的，不同的乐器产生不同的声音，也和频率有关。

使用 音乐蜂鸣器 远程2 发 ◖ Hz声音 这个指令也可以使蜂鸣器模块发出 do、re、mi。

使用 音乐蜂鸣器 远程2 停止发声 这个指令可以使蜂鸣器模块静音。

2. 部分程序脚本范例

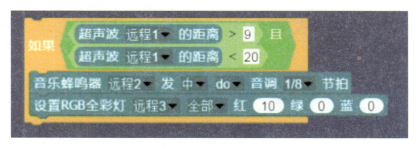

图3-2-131　参考程序

【我要创】

设计创作空气演奏仪，并且演奏一首音乐。

（1）要求。

根据难易程度，选择一首自己喜欢的歌曲，在现有的程序上进行调整，设计创作演奏仪，完成后保存。

表3-2-16　歌曲表

选择曲目	
音　域	（例如，从低音xi到高音do）
每个音调对应的距离范围（8～30）	（例如，8<低音xi<12，11<中音do<15） ____<____<____<____<____<____<____<____ ____<____<____<____<____<____<____<____ ____<____<____<____<____<____<____<____ ____<____<____<____<____<____<____<____ ____<____<____<____<____<____<____<____ ____<____<____<____<____<____<____<____ ____<____<____<____<____<____<____<____

（2）步骤提示。

① 根据所选曲目所包含的音调，划定每个音调对应的距离范围。

② 修改程序，使演奏仪能够根据不同距离触发所需音调。

（3）在白纸上记录不同音调的触发位置，可以帮助我们在演奏时快速调整障碍物的位置，并且触发准确的音调。

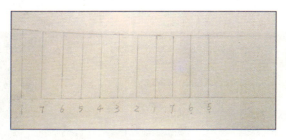

图3-2-132　不同音调触发的位置

【自我评价】

表3-2-17　自我评价表

通过本节课的学习，你有什么收获			
收　获	得　分	收　获	得　分
会搭建演奏仪结构组合	☆ ☆ ☆	能够通过编写程序脚本控制演奏仪，实现自动感应的音调切换	☆ ☆ ☆
积极参与小组合作学习	☆ ☆ ☆	课后收拾整理好实验器材	☆ ☆ ☆

第十四课　循轨机器人

【我要学】

（1）能搭建小车。

（2）理解巡线原理，并能利用巡线原理，让机器人自主跟着黑线走。

（3）创作循轨机器人，解决生活实际问题，使人类与机器人和谐共存。

【课程引入】

循轨机器人是一种能够自动按照给定路线进行移动的机器人，它是一个实现路面探测、障碍检测、自动行驶的技术综合体。有些餐厅、酒店开始使用机器人服务员，在这些机器人的行走路线上有一条黑线，它们通过检测这条黑线到达指定位置，为客人送餐。

图3-2-133　送餐机器人

在这个任务中，我们将对ScratchPi机器人进行编程，实现循轨机器人功能。

【我要做】

（一）搭建循轨机器人

小车怎样才能往前开动？观察两个轮子的转动，你知道了什么？小车往前开动，两个轮子的方向是相反的。如何判断轮子是正向转动，还是反向转动？这需要通过观察对比得出结论。

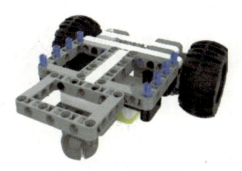

图3-2-134　循轨机器人

测试轮子转动方向的程序。

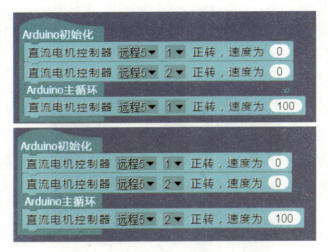

图3-2-135　测试轮子转动方向的程序

（二）沿着轨迹走圈

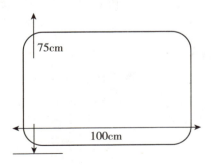

75cm

100cm

图3-2-136　循轨走圈要求

小车会沿着轨迹走圈。

思考：

用什么检测小车是否在沿着线走?

> 红外循迹传感器由两个间距为2厘米的探测器组成，利用红外线在不同颜色物体的表面具有不同反射强度的特点，每一组红外传感器都能检测其下方是黑线还是白线。

图3-2-137　红外循迹传感器的原理

以下是红外循迹传感器应用的原理，如图3-2-138所示，在方框内写出对应的程序。

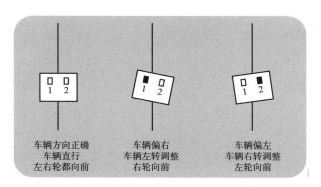

图3-2-138　红外循迹传感器循轨原理

【我要创】

创作机器人小车，循轨绕"8"字。

要求：

（1）小组合作，创作能解决生活实际问题的机器人小车，使人与机器人和谐共存。

（2）小车按照轨迹绕"8"字。

思考：

"8"字的黑线和原来绕圈的黑线有什么不一样吗？

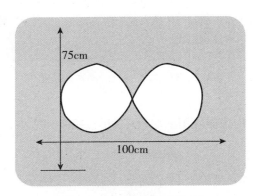

图3-2-139 循轨绕"8"字

请根据以下情景，分析小车的循迹原理和算法，并在合适的方向上打"√"。

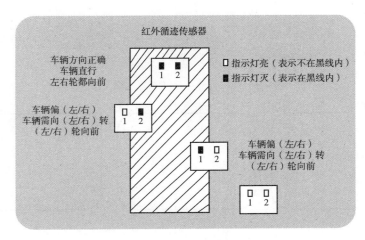

图3-2-140 小车的循迹原理和算法

总结：

当红外循迹传感器的1号和2号都在黑线内，小车直线行走；当红外循迹传感器只有2号在黑线内，小车右转回到黑线；当红外循迹传感器只有1号在黑线内，小车左转回到黑线；当红外循迹传感器1号和2号都不在黑线内，小车已偏离轨道，后退尝试回到黑线。

【自我评价】

表3-2-18　自我评价表

通过本节课的学习，你有什么收获			
收　获	得　分	收　获	得　分
能创作解决生活实际问题的机器人小车	☆ ☆ ☆	掌握小车在窄线和宽线上的循迹原理	☆ ☆ ☆
本节课积极参与小组合作	☆ ☆ ☆	课后收拾整理好实验器材	☆ ☆ ☆

第十五课　遥控机械手

【我要学】

（1）了解机器人机械手活动的原理。

（2）了解红外遥控器的工作原理。

（3）检测学生机械手抬起、放置、推进、检测的活动。

（4）编写机械手检测物体进而处理的程序。

【课程引入】

我们的身边有这样一个"大力士"，它虽然不能抓取很重的东西，但是能根据我们的需要帮我们抓物体，它就是机器人的机械手。机械手可以模仿人手和臂的某些动作，根据特定的程序完成抓取、搬运等行为，它可代替繁重的劳动以实现生产的机械化和自动化，既保障了安全生产，也提高了工人的工作效率。

【我要做】

（一）了解机械手的结构和主要功能

1. 机械手的主要部件

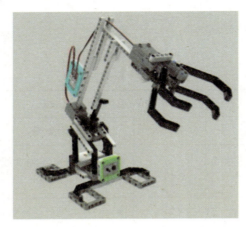

图3-2-141　机械手外观

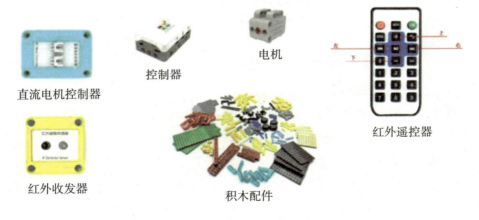

直流电机控制器

控制器

电机

红外遥控器

红外收发器

积木配件

图3-2-142　机械手相关硬件

2. 通过红外遥控器来控制机械手，实现以下功能

当红外遥控器上键被按下，机械手上移；当红外遥控器下键被按下，机械手下移；否则（不按红外遥控器），机械手悬停。当红外遥控器左键被按下，机械手收拢；当红外遥控器右键被按下，机械手张开；否则（不按红外遥控器），机械手悬停。

（二）软件实现功能

1 .ScratchPi程序的编写

编程示例：

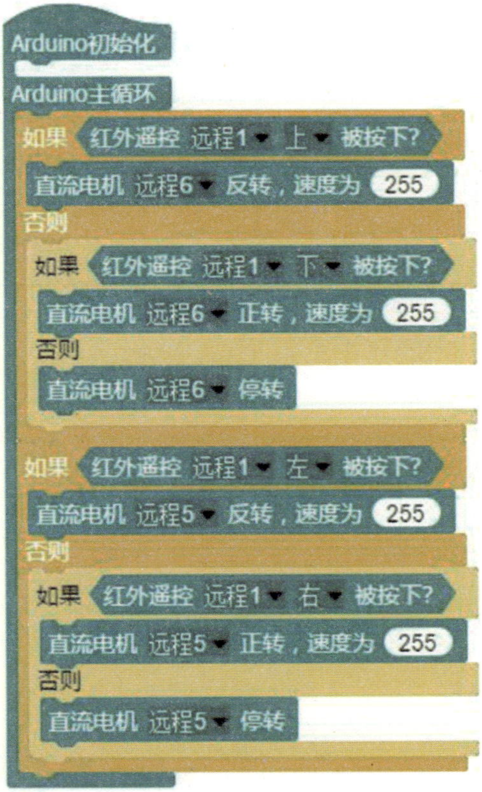

图3-2-143　程序示例

2. 数据线连接方法

用蓝色数据线连接超声波到Cubic端口4，用蓝色数据线连接直流电控制器到Cubic端口5（手臂的电机线接直流电机控制器1号口，爪子的电子线接直流电机控制器2号口）。

运行程序：

点击"小绿旗"图标运行。

【自我评价】

表3-2-19　自我评价表

通过本节课的学习，你有什么收获			
收　获	得　分	收　获	得　分
了解机器人机械手活动的原理	☆ ☆ ☆	会编写机械手检测物体进而处理的程序	☆ ☆ ☆
了解红外遥控器的工作原理	☆ ☆ ☆	本节课小组合作学习得怎样	☆ ☆ ☆
机械手能抬起、放置、推进	☆ ☆ ☆	课后收拾整理好实验器材	☆ ☆ ☆

第三节　项目式创客学习课程实例

第一课　幸运大转盘

【我要学】

（1）掌握 在 1 到 10 间随机选一个数 的使用技巧。

（2）了解"随机数"指令在编程中的用途和使用方法。

（3）编程实现幸运大转盘。

【课程引入】

"幸运大转盘"是商家开展的促销活动，也是吸引顾客常用的一种游戏活动。游戏规则是：在幸运转盘中画出不同的物品或内容，顾客启动转盘，转盘会进行转动，并经过一定的时间随机停下，此时指针指向幸运转盘中的物品即为中奖物品。这节课就一起来开启你的幸运大创作吧。

图3-3-1　幸运大转盘

【我要做】

（一）大转盘结构的搭建与连接

（1）必须用的硬件有：1个主控、1个直流电机、1个声音传感器。根据下图搭建你的幸运大转盘。

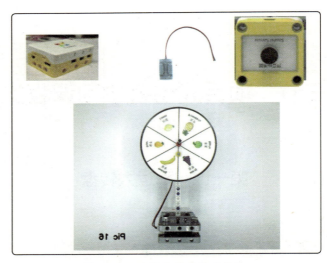

图3-3-2　幸运大转盘外观结构

（2）连接线路：点击菜单下的"连接"→"串口"→"扫描"→"连接"，直到成功连接串口。

（二）大转盘的程序结构

（1）如果声音传感器的值大于300，电机速度为255。

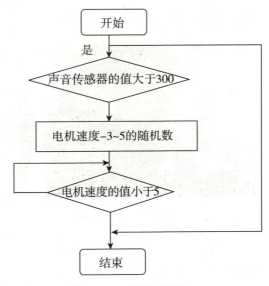

图3-3-3　程序流程图1

（2）当电机速度小于5时，直流电机停止转动。

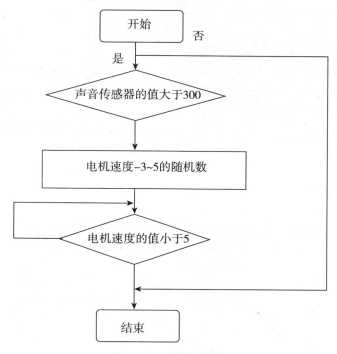

图3-3-4　程序流程图2

（三）大转盘的程序编写

1. 新建变量"电机速度"

图3-3-5　新建变量

2. 如果声音传感器的值大于300，直流电机转动

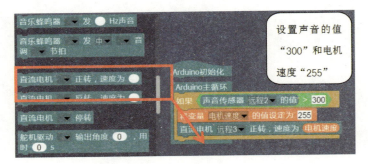

图3-3-6　声音控制电机转动

3. 直流电机随机减速直到停止

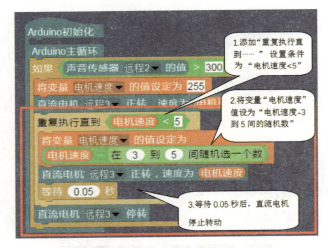

图3-3-7　电机减速

知识小提示：<重复执行直到 电机速度 < 5> 属于控制模块的控件，表示里面的程序会一直执行到条件满足为止；<电机速度 — 在 3 到 5 间随机选一个数> 随机数的应用在这里让转盘随机减速，从而起到一个随机停止的作用，每次直流电机所减速的值是在规定的区间内随机取一个数。

【我要创】

红外传感器是利用红外线反射原理进行检测的，当红外线照射到物体上时，物体会将红外线反射回来。如果障碍物表面偏黑，则会吸收红外线，导致无法检测到障碍物。

（1）使用触碰开关控制幸运大转盘。

（2）使用红外避障传感器控制幸运大转盘。

【自我评价】

表3-3-1　自我评价表

通过本节课的学习，你有什么收获	
收　获	得　分
会搭建幸运大转盘	☆ ☆ ☆
能让幸运大转盘随机停止	☆ ☆ ☆
课后收拾整理好实验器材	☆ ☆ ☆

第二课　电子骰子

【我要学】

（1）掌握 、 的使用技巧。

（2）了解"随机数"在编程中的用途和使用方法。

（3）编程实现电子骰子。

【课程引入】

小军和他的同学小红正在玩飞行棋，小红投掷骰子的技术非常高超，几乎每3次就可以通过技巧来投掷出6，于是小军败北了。同时，他认为人工投骰子的方式无法保证每个数字的概率一致。那么如何才能保证投骰子的公平公正呢？于是小军想到了利用ScratchPi来做一个电子骰子，但是如何让电子骰子显示出对应的数字呢？小军分别使用了RGB全彩灯、舵机来实现。

学生通过动手操作实践，体验手工设计与制作的基本技能，设计并制作有一定创意的数字作品，从而培养学生热爱生活、善于发现、动手创作的能力。

【我要做】

（一）电子骰子结构的搭建与连接

（1）必须用的硬件有：1个主控、1个RGB全彩灯、1个舵机、积木若干，根据自己的喜好搭建电子骰子。

图3-3-8　相关硬件

（2）点击菜单下的"连接"→"串口"→"扫描"→"连接"，直到成功连接串口。

（二）电子骰子的程序结构

（1）利用随机数设置舵机的输出角度。

（2）根据舵机输出的角度确定RGB全彩灯亮的个数。

根据下面的分析图，思考RGB全彩灯如何随机亮。

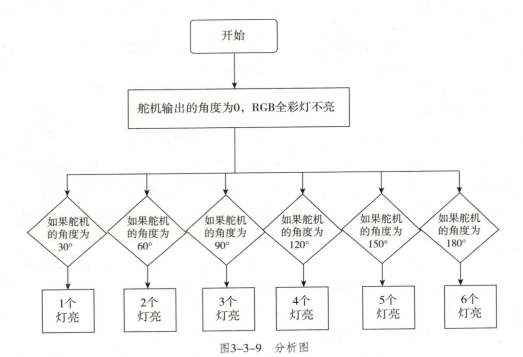

图3-3-9　分析图

（三）电子骰子的脚本编写

1. 电子骰子初始设置

图3-3-10　电子骰子初始设置

2. 设置舵机转动的随机数条件

舵机转30～180内的一个随机角度。

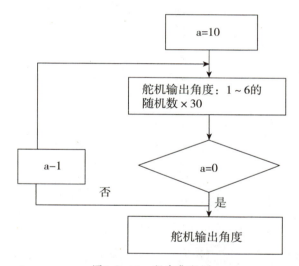

图3-3-11　程序流程图

图3-3-12　对应程序

3. 根据舵机输出的角度设置RGB全彩灯

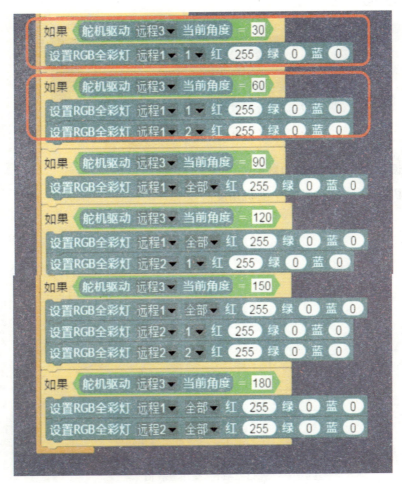

图3-3-13　舵机控制全彩灯

如果舵机输出的角度为"30"，RGB全彩灯只有1个灯亮；剩下的角度每次增加30，直到舵机的角度为180。

知识小提示：舵机是一种位置（角度）伺服的驱动器，适用于那些需要角度不断变化并可以保持的控制系统；舵机的角度范围为0～180。

【我要创】

结合本节课所学的知识，给电子骰子添加不同的控制方式。可以从发挥创意、声音控制、距离控制等方面思考。

【自我评价】

表3-3-2　自我评价表

通过本节课的学习，你有什么收获			
收　获	得　分	收　获	得　分
会搭建电子骰子结构组合	☆ ☆ ☆	能够通过编写程序脚本控制电子骰子，实现RGB全彩灯的亮灯数	☆ ☆ ☆
能通过编程使电子骰子正常运作	☆ ☆ ☆	课后整理好实验器材	☆ ☆ ☆

第三课　可调节亮度的灯

【我要学】

（1）学会条件分支语句  、 的用法。

（2）了解超声波传感器的特性，使用 读取超声波的值。

（3）搭建并编程实现当有人靠近就点亮的感应台灯。

【课程引入】

台灯一般是通过按键或者旋钮控制开关，需要手动打开或关闭，在现实生活中，很多人离开房间时经常忘记关灯，从而造成能源浪费。在这一课，我们将实现一个能感应是否有人并自动开关的台灯。

【我要做】

（一）可调节台灯结构的搭建与连接

（1）必须用的硬件有：1个主控、1个RGB全彩灯、1个超声波传感器，如图3-3-14和图3-3-15搭建台灯。

图3-3-14　主要硬件

图3-3-15　外观结构

（2）点击菜单下的"连接"→"串口"→"扫描"→"连接"，直到成功连接串口。

（二）可调节台灯程序结构

当感应到有人时，台灯会亮。

请你和同桌讨论一下流程图（见图3-3-16）。

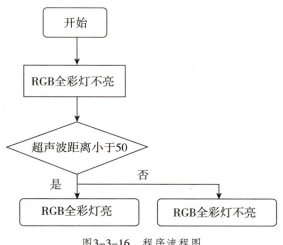

图3-3-16　程序流程图

（三）可调节台灯脚本编写

（1）当超声波的距离小于50时，RGB全彩灯亮，否则不亮。

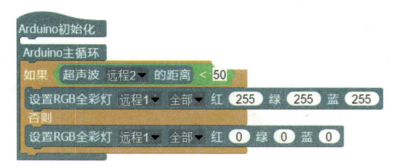

图3-3-17　程序代码

知识小提示：　在本案例中利用超声波传感器来测试距离，从而达到点灯调节的功能。

　控制指令，常与侦测条件一起使用。当侦测条件成立时，执行"如果"框内的程序脚本模块；不成立时，执行"否则"框内的程序。

（2）当人与台灯的距离越来越近时，台灯会变得越来越亮。

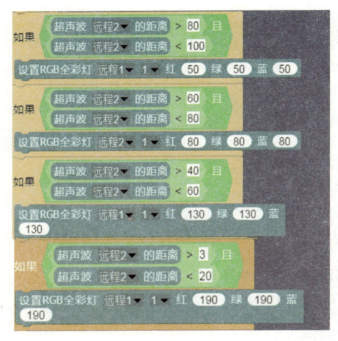

图3-3-18　程序代码

【我要创】

这个作品我们使用超声波对台灯进行控制，通过超声波传感器检测是否有人靠近，想想还能通过什么传感器来检测外界的环境，使得台灯有不同的动作？仔细思考并完成以下作品。

（1）使用光敏传感器检测光的强度，当光线较暗时，台灯自动打开。

（2）使用滑动变阻器调整RGB全彩灯的亮度，实现亮度可调的台灯。

【自我评价】

表3-3-3　自我评价表

通过本节课的学习，你有什么收获	
收　获	得　分
会搭建可调节的台灯	☆☆☆
能通过编程使台灯正常运行	☆☆☆
课后整理好实验器材	☆☆☆

第四课　智能车库

【我要学】

（1）使用 超声波 ▼ 的距离 实现超声波控制功能。

（2）掌握 设置RGB全彩灯 ▼ 1▼ 红 0 绿 0 蓝 0 的使用功能。

【课程引入】

在生活中我们看到，很多商场的停车场前都会有一个指示灯，让司机可以方便地看到哪里有可停的车位。这就需要在停车位中安装一个能检测到车辆出入的设备，当停车位检测到有车停入时，亮红灯；当检测到没有车时，亮绿灯，这时表示车位处于空闲状态，可以停车。

图3-3-19　车库

【我要做】

（一）智能车库结构的搭建与连接

（1）必须用的硬件有：1个主控、1个RGB全彩灯、1个超声波传感器、1个四位数码管，根据下图搭建台灯。

图3-3-20　相关硬件

图3-3-21   车库外观结构

（2）点击菜单下的"连接"→"串口"→"扫描"→"连接"，直到成功连接串口。

（二）智能车库为程序结构

当车位内有车时，RGB全彩灯显示红色，表示这个车位不能再停车了；当车位内没有车时，RGB全彩灯显示绿色，表示里面可以停车。

请你和同桌进行讨论，将流程图的简图补充完整（见图3-3-22）。

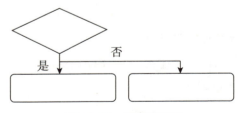

图3-3-22   程序流程图

（三）智能车库的脚本编写

四位数码管显示超声波的距离，通过超声波的距离检测来判定车库内是否有车。

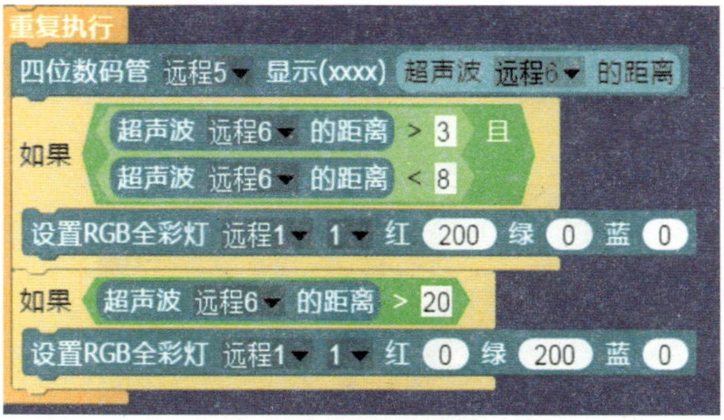

图3-3-23　程序代码

【我要创】

通过本节课的学习，同学们能否利用四位数码管显示车库剩余停车位的数量？仔细思考并进行创作吧！

【自我评价】

表3-3-4　自我评价表

通过本节课的学习，你有什么收获	
收　获	得　分
会搭建智能车库	☆☆☆
能通过编程使车库正常运行	☆☆☆
课后整理好实验器材	☆☆☆

第五课　道闸控制器

【我要学】

（1）实现刷卡功能。

（2）实现道闸的升降。

（3）探究道闸模型的工作原理。

【课程引入】

道闸是专门用于道路上限制机动车行驶的通道出入口管理设备，现广泛应用于公路收费站、停车场、小区、企事业单位门口来管理车辆的出入。电动道闸可单独通过按键实现起落杆，也可以通过停车场管理系统（IC刷卡管理系统）实行自动管理状态。在这个任务中，我们将通过编程实现可感应的自动道闸系统。

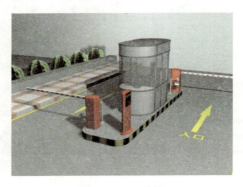

图3-3-24　道闸

【我要做】

（一）道闸控制器的搭建与连接

（1）必须用的硬件有：1个主控、1个机舱、1个超声波传感器，根据图3-3-25和图3-3-26所示搭建台灯。

图3-3-25　相关硬件

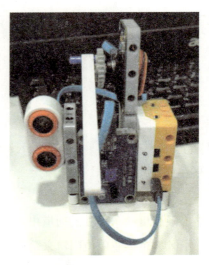

图3-3-26　道闸外观结构

（2）点击菜单下的"连接"→"串口"→"扫描"→"连接"，直到成功连接串口。

（二）道闸控制器的程序结构

请想一下，道闸控制器的工作情景，与同桌一起讨论并完成程序流程图（见图3-3-27）。

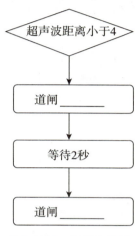

图3-3-27　程序流程图

（三）道闸控制器的脚本编写

（1）当超声波传感器检测到有车辆需要通过时，道闸会升起来，车子通过后，道闸会降下。

程序参考如图3-3-28所示。

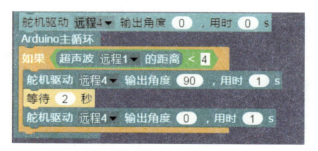

图3-3-28　参考程序

（2）如果是刷卡进入，就是当红外避障传感器感觉到障碍时，道闸会升起来，车子通过后，道闸会降下来。

程序参考如下：

图3-3-29　参考程序

知识小提示：红外避障传感器 ▼ 碰到障碍？ 红外避障模块利用光反射原理，红外线遇到前方障碍物时，射线返回被接收管接收，此时OUT输出低电平；如前方无障碍物，射线未被反射，则OUT输出高电平。

【我要创】

道闸主要由门体、舵机、超声波传感器、控制系统构成。

仔细思考并完成以下创作：

（1）如果想做一个输入密码判断是否为相关人员的系统，收到前端有人进入警报后，提醒进入者输入密码，密码正确则打开道闸，否则请访客到前台登记，你能完成吗？

（2）如果想在人进入道闸后，音乐蜂鸣器发出悦耳的声音欢迎客人，你能实现吗？

【自我评价】

表3-3-5　自我评价表

通过本节课的学习，你有什么收获	
收　获	得　分
会搭建道闸	☆☆☆
能通过编程使道闸正常运行	☆☆☆
课后整理好实验器材	☆☆☆

第六课　抢答器

【我要学】

（1）掌握 触碰开关 ▼ 被按下？ 的使用技巧。

（2）学会使用四位数码管实现倒计时。

（3）实现抢答器功能。

【课程引入】

在知识竞赛、文体娱乐活动（抢答赛活动）中，经常能见到抢答器，它能准确、公正、直观地判断出抢答者的座位号。那么，如何利用ScratchPi制作抢答器呢？

图3-3-30　抢答器

【我要做】

（一）抢答器结构的搭建与连接

（1）必须用的硬件有：1个主控、1个四位数码管、2个触碰开关，根据自己的创意搭建抢答器。

图3-3-31　相关硬件

（2）点击菜单下的"连接"→"串口"→"扫描"→"连接"，直到成功连接串口。

（二）抢答器的程序结构

设定两个触碰开关作为按钮，四位数码管倒数到0时，如果是第一个按钮被按下，则RGB全彩灯第一个灯亮绿色；如果是第二个按钮被按下，则RGB全彩灯第二个灯亮绿色。

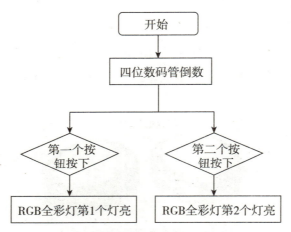

图3-3-32　程序流程图

（三）抢答器的脚本编写

1. 四位数码管的倒数设置

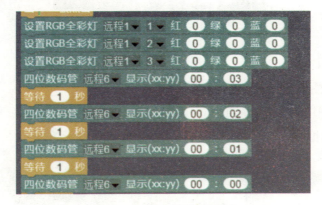

图3-3-33　参考程序第1部分

知识小提示：四位数码管可以显示程序设定好的数据，从而达到设定的效果。

2. 按下触碰开关进行抢答

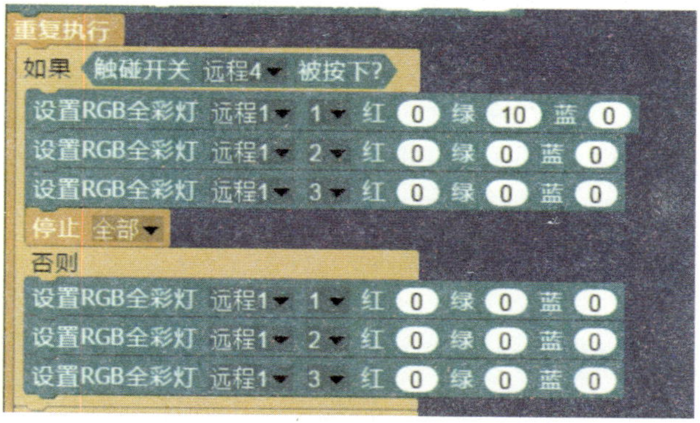

图3-3-34　参考程序第2部分

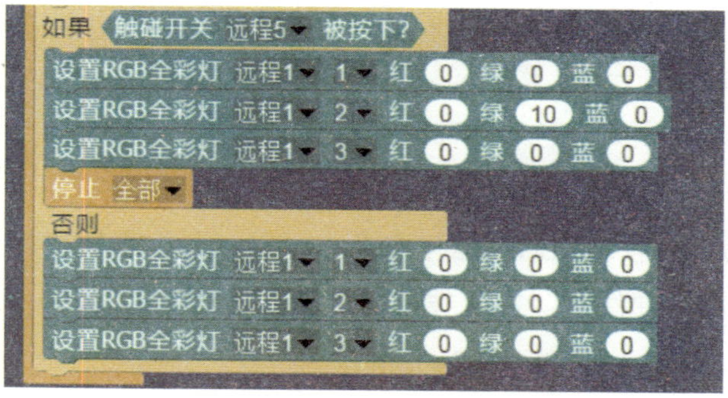

图3-3-35　参考程序第3部分

【我要创】

这个作品主要利用四维数码管倒数和触碰开关传感器来实现，其实我们还可以用声音传感器设计语音提示功能，你能实现吗?

【自我评价】

表3-3-6　自我评价表

通过本节课的学习，你有什么收获	
收　获	得　分
会搭建抢答器	☆☆☆
能通过编程使抢答器正常运行	☆☆☆
课后整理好实验器材	☆☆☆

第七课　手持测距仪

【我要学】

（1）结合触碰开关、超声波、四位数码管制作测距仪。

（2）掌握 `直到　前都等待` 模块的使用。

【课程引入】

在生活中，我们经常需要用到尺子测量距离。同学们都见过哪些尺子呢？有钢卷尺、皮尺、钢板尺、千分尺、游标卡尺等。虽然这些尺子准确，但都有一个缺点，那就是无法测量你触碰不到的地方。比如，同学们要测量教室天花板的高度，有没有合适的尺子呢？接下来，我们亲自动手用ScratchPi制作一个神奇的测距仪，轻松地解决这类测量问题。

图3-3-36　测距仪

【我要做】

（一）手持测距仪结构的搭建与连接

（1）必须用的硬件有：1个主控、1个四位数码管、1个超声波传感器、1个触碰开关，根据图3-3-37和图3-3-38搭建测距仪。

图3-3-37　相关硬件

图3-3-38　测距仪外观结构

（2）点击菜单下的"连接"→"串口"→"扫描"→"连接"，直到成功连接串口。

（二）手持测距仪的程序结构

工作原理：按下触碰开关，四位数码管显示测试的距离。

请画出测距仪的流程图。

（三）手持测距仪的脚本编写

测距仪的初始数值是0，当触碰开关被按下时，四位数码管显示超声波的距离，代码参考如图3-3-39所示。

图3-3-39 参考程序

知识小提示：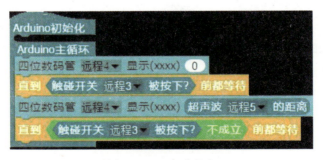 属于控制模块的指令，能够暂停代码执行，直到条件被触发。

【我要创】

通过这个作品，我们结合四位数码管、触碰开关和超声波传感器，制作了手持式测距仪，解决了对触碰不到的地方的测量问题。你还能不能自己想到其他的类似应用呢?

【自我评价】

表3-3-7 自我评价表

通过本节课的学习,你有什么收获	
收 获	得 分
会搭建手持测距仪	☆ ☆ ☆
能通过编程使手持测距仪正常工作	☆ ☆ ☆
课后整理好实验器材	☆ ☆ ☆

第八课 自动投票箱

【我要学】

(1)学会 红外避障传感器 ▾ 碰到障碍? 的使用。

(2)结合红外避障传感器和四位数码管制作自动计票箱。

(3)搭建投票箱。

【课程引入】

新学期到来了,班会要选班干部,大家都跃跃欲试。但是,最令人头疼的就是唱票环节了,需要对一张张选票进行计数,还需要写"正"字来统计,效率太低了,小朋友们都迫不及待了呢。接下来,就让我们用ScratchPi制作一个自动计数投票箱,帮助大家解决这个问题吧!

图3-3-40 投票箱

【我要做】

（一）自动投票箱结构的搭建与连接

（1）必须用的硬件有：1个主控、1个红外避障传感器、1个四位数码管，根据下图搭自动投票箱。

图3-3-41　相关硬件

图3-3-42　投票箱背面结构　　　　图3-3-43　投票箱正面结构

（2）点击菜单下的"连接"→"串口"→"扫描"→"连接"，直到成功连接串口。

（二）自动投票箱的程序结构

（1）当小票进入投票箱时，四位数码管显示的数加1。

（2）再绘制出自动投票箱流程图。

（三）自动投票箱的脚本编写

1. 新建变量"票数"

图3-3-44　新建变量

2. 当选票投进投票箱时，四位数码管显示票数

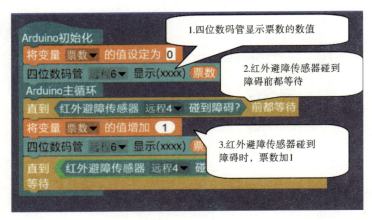

图3-3-45　参考程序

【我要创】

通过这个作品，我们结合红外避障传感器和四位数码管，制作了一个实用的自动计数投票箱，解决了投票的时候统计票数的问题。你还能不能想到其他的应用呢？请写在框内。

【自我评价】

表3-3-8　自我评价表

通过本节课的学习，你有什么收获	
收　获	得　分
会搭建自动投票箱	☆ ☆ ☆
能通过编程使投票箱正常运行	☆ ☆ ☆
课后整理好实验器材	☆ ☆ ☆

第九课　智能风扇

【我要学】

（1）掌握 `直流电机控制器 ▼ 正转，速度为 ○` 的使用技巧。

（2）掌握超声波传感器检测距离的原理。

（3）理解变量和数学运算在编程中的应用。

（4）编程实现感应到适当距离而工作的智能风扇。

【课程引入】

家里的风扇都是用遥控器来控制的，按下遥控器"开始"按钮，风扇开始转动；按下"关闭"按钮，风扇停止转动。但是很多人经常会因为找遥控器或遥控器坏了无法控制风扇而感到烦恼，这节课就由你来动手实践，设计并制作一个智能距离控制风扇，让风扇通过感应而自动控制开关。

图3-3-46　风扇

【我要做】

（一）智能风扇结构的搭建与连接

（1）必须用的硬件有：1个主控、1个超声波传感器、1个直流电机，根据下图搭建智能距离风扇。

图3-3-47　相关硬件

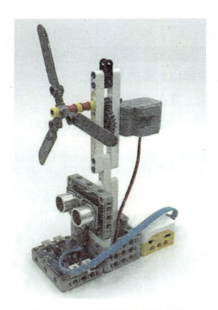

图3-3-48　智能风扇外观结构

（2）点击菜单下的"连接"→"串口"→"扫描"→"连接"，直到成功连接串口。

（二）智能风扇的程序结构

（1）智能风扇能根据距离调整风速。距离越近，风速越大；距离越远，风速越小。

（2）请画出智能风扇的流程图。

（三）可调节风扇的脚本编写

1. 新建"距离"变量

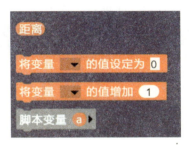

图3-3-49　新建变量

2. 风扇的转速随着距离的改变而改变

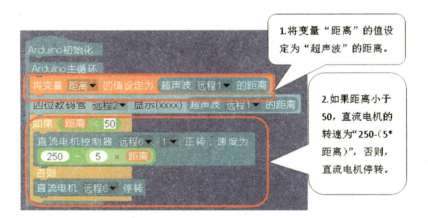

1.将变量"距离"的值设定为"超声波"的距离。

2.如果距离小于50，直流电机的转速为"250-(5*距离)"，否则，直流电机停转。

图3-3-50　参考程序

知识小提示：当距离为50的时候，直流电机的转速为250–5×50=0。当距离越近，直流电机的转速越快；当距离越远，直流电机的转速越慢；当距离值达到50时，直流电机停转。

直流电机有正、反两个方向的选择，我们可以利用直流电机的转动达到作品的运动。

【我要创】

在读取超声波的过程中，由于障碍物表面不够平整或者距离超过检测范围，会出现超声波没有反射。超声波传感器的有效范围为2～200厘米，在使用时，需尽量保证传感器和障碍物表面垂直。仔细思考并完成下面的任务：

（1）配合温湿度传感器，当温度高时，风扇自动打开。

（2）使用开关控制风扇，实现可以调挡位的风扇。

【自我评价】

表3-3-9　自我评价表

通过本节课的学习，你有什么收获	
收　获	得　分
会搭建可调节的智能风扇	☆ ☆ ☆
能通过编程使风扇正常运行	☆ ☆ ☆
课后整理好实验器材	☆ ☆ ☆

第四节　优秀创客作品

作品一：《北京大兴国际机场》

作者：广州市天河区龙口西小学　梁正达

北京大兴国际机场是北京一张亮丽的名片，下图是我仿照它设计的模型。我给它设计了升旗台，通过光敏传感器控制升降旗，它可以在白天升起，晚上下降；机场上有未来飞行器，它可以通过左右摇摆微调登机口和机场的登机装置匹配，方便管理人员安排起飞位置；当检测到控制台发出的起飞指令时，飞行器会摇摆着微调起飞姿势，然后起飞。

图3-4-1　北京大兴国际机场模型

作品二：《"水神山"医院》

作者：暨南大学附属小学 谭文博

当"无人救护车"把患者送到我研发的"水神山"医院，然后经过"零接触的运送梯"运送到"自动感应消毒器"边消毒边运送到"智能病床"前，经过"检测扫描机"发现病灶，然后进行智能化快速治疗。

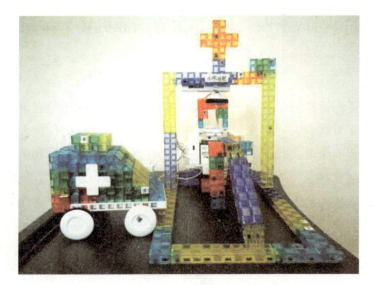

图3-4-2 "水神山"医院模型

作品三：《远程操控机器人》

作者：广州市天河区天府路小学 侯宸卓

近端操作触碰传感器，通过数据线将操作信号传递给远端的机械手臂，从而远程控制机械手臂的动作。此作品通过简单的远程操作，模拟实现了人工智能技术远程操控的基本应用雏形，验证了远程操控的基本思想。在实际应用中，如果将数据线更换为无线信号或传输距离的光纤，即可实现具体的远程操控应用。

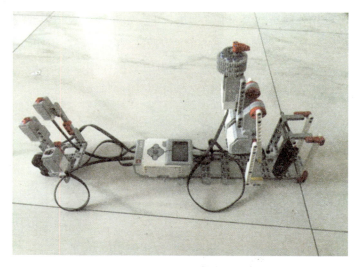

图3-4-3　远程操控机器人

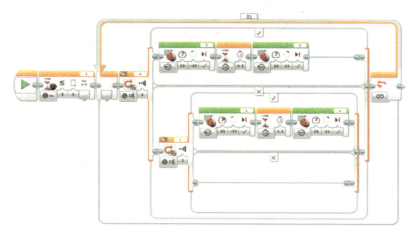

图3-4-4　远程操控机器人程序

作品四：《智能C塔》

作者：广州市天河区红英小学　陈锐霖

　　首先，在大门处，我利用了红外传感器模拟AI人工智能传感，当有人靠近大门时，系统会做出智能识别，符合条件的人员就可以进出，数字化系统会自动识别人员需要到达的楼层来控制电梯的升降。这部电梯是设置在西塔外面的，它不仅可以用作观光，更重要的功能是，如遇到火灾或其他危险事故时，在云梯消防车对高楼层不能进行救援的情况下，它还能启动感应模式，设置在电梯里的水炮和救援平台就能准确地发挥应急救援作用。

图3-4-5　智能C塔

其次，电梯结构外墙设有吊篮式全景空中客房，楼顶的观景台通过按钮开关进行操纵，可以360°地缓慢旋转。在这里，游客们能更好地观赏到广州市中心的美景。

最后，当夜幕降临，光敏传感器检测到天黑时，楼顶的灯组就会亮起，不仅可以起到一个装饰的作用，还可以提醒周围的飞机请绕行。

作品五：《自动清障车》

作者：广州市天河区天府路小学　侯宸越

通过触碰传感器启动小车，小车通过前端的超声波传感器探测到障碍物后，自动加大马力推动清除障碍物。在行进过程中，小车自动记录行驶的距离与偏离的角度，清除障碍物后，自动返回起点。在实际应用中，既可用于危险区域的无人驾驶自动清障与救援，也可作为建筑行业自动推土机。如果增加遥控模块，也可实现遥控操作，使用起来会更加灵活便利。

图3-4-6　自动清障车正面

图3-4-7　自动清障车侧面

作品六：《便携式智能身高测量仪》

作者：广州市番禺区市桥中心小学　谢舒然　欧阳腾

一、创作背景

在我们体检测量身高时，看到医务人员为我们测量都很辛苦，每测量一个学生的身高，医务人员都要用手去把铁条放下来，才可以知道我们的身高。如果能有一个智能身高测量仪的话，医生就不用那么辛苦了，于是我们构思了这个便携式智能身高测量仪。

图3-4-8　便携式智能身高测量仪
（获广东省中小学电脑制作比赛二等奖）

二、作品功能

这是利用超声波测距原理制作的，只要把便携式智能身高测量仪安装在一个高处，如支杆或门框上，人经过这个设备下面，就可以测量这个人的身高，并在显示屏上马上显示出身高值。原理是"身高=超声波测出到地面的距离-超声波传感器测出到人头顶的距离"，为了使测量结果更精确，我们取超声波传感器测出的10次数据的平均值。

三、制作材料

废旧纸盒、Arduino板、超声波传感器、OLED显示屏、导线、电池。

四、制作步骤

（1）接线编程。连接好主板、超声波传感器和显示屏。用Mixly进行编写程序，编好了怎样去测量、怎样去显示、怎样在不同的地方使用。

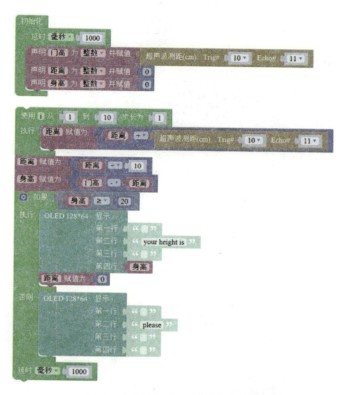

图3-4-9　用Mixly编写好的程序

（2）构思造型。怎样把这些电子元件装好做成一个方便携带的作品，让它既漂亮，又方便固定在测量的地方（如门框或其他地方）？

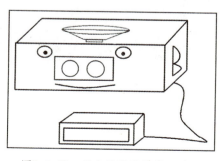

图3-4-10　用电脑设计的作品外观

（3）拼装。把它的外壳拼装好，并且做好相应的装饰。

图3-4-11　便携式智能身高测量仪内部结构

（4）调试。制作好之后，通过测试，检验便携式智能身高测量仪测试的结果是否准确。

图3-4-12　作品调试

图3-4-13　显示身高数据

作品七：《智能排气扇》

作者：曾子扬　陈思羽

图3-4-14　智能排气扇

（获广东省中小学电脑制作比赛三等奖）

一、创作背景

夏天天气炎热，很多教室、宿舍都长时间开着空调，很多学生都不愿到户外活动。为了节能环保，开着空调的教室通常都是门窗紧闭。一个班几十个学生长时间待在教室，而且教室又不进行通风，导致教室空气质量很差。通过分析，得出教室空气质量差的原因主要是人多呼出的二氧化碳高。为了解决这个问题，我们设计了这个智能排气扇。

二、作品功能

当教室的二氧化碳含量低的时候，排气扇处于关闭状态；当教室的二氧化碳含量高的时候，排气扇会自动启动进行排气，将质量不好的空气排出室外，再利用循环的原理把室外的新鲜空气引进室内，使空气流通互换。当教室内的空气质量变好后，排气扇又会自动关闭。

图3-4-15　智能排气扇的电子模型

图3-4-16　安装智能排气扇的教室外观

三、制作材料

废旧纸盒、Arduino板、二氧化碳传感器、电脑散热风扇、电机驱动、导线、电池等。

四、制作步骤

（1）使用编程软件Mixly 0.996编写程序并上传。

（2）搭建Arduino主板、二氧化碳传感器和电扇。

图3-4-17　硬件连接和程序编写

（3）制作教室场景。

图3-4-18　制作教室场景模型

图3-4-19　装饰教室模型

（4）将场景与搭建好的智能排气扇组合并调试。

图3-4-20　安装排气扇模型

作品八：《智能玩伴》

作者：柯贤睿

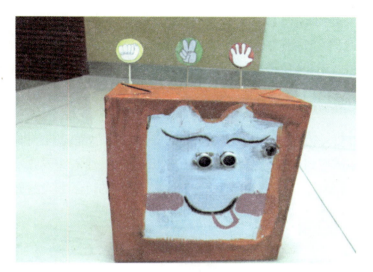

图3-4-21　智能玩伴

（获广东省中小学电脑制作比赛三等奖）

图3-4-22　智能玩伴内部线路结构

一、创作背景

在假期时，许多学生都会沉浸在电视机前或手机游戏中，由于他们没有玩伴或各种原因没能参加有益身心的活动。学生们需要一个能陪伴他们玩耍，又能激发他们思考的"伙伴"，于是我便创作了这个智能玩伴——娱乐型猜拳机器人。这个可爱的玩伴可以给学生带来很多乐趣。另外，数学教师还可以把它当作教具，我们在学习"可能性"的时候教师经常叫我们两两猜拳，并记录输赢的次数，教师用我们创作的这个智能玩伴可以让同学们学习得更加开心。

二、作品功能

我们可以和这个智能玩伴玩石头剪刀布的猜拳游戏。智能玩伴的眼睛是超声波传感器，它可以感应到你的出拳，然后启动舵机随机出一个石头或剪刀或布。你永远也想不到这个机器人下一次会出什么，因为它是随机的，会让你感到很有乐趣。

图3-4-23 智能玩伴的程序截图

智能玩伴的正面看起来是不是很有趣呢？

三、制作材料

Arduino板、舵机、超声波传感器、蜂鸣器、纸箱、导线、电池等。

四、制作步骤

（1）准备电子器件材料，按照设计的功能进行电路搭建，并运用Mixly编写和调试程序。

（2）设计和构思智能玩伴的外观，并寻找外观需要的材料。

图3-4-24　智能玩伴设计初稿

（3）搭建外观，并进行调试，完成作品。

图3-4-25　搭建外观

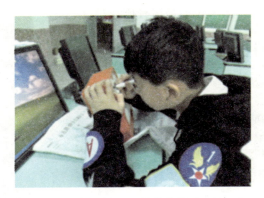

图3-4-26　外观装饰

作品九：《发令器App》

作者：陈泰桦

一、创作背景

　　随着时代的发展，职业学校培训的不仅是熟练的技术工人，还应该是有思想、对现代技术有一定认识的人才。广州市贸易职业高级中学大力推进STEM理念在教学中发展，开展青少年科技教育，拓展学生的视野。该学校从2015学年开始设立手机编程课程，并建立科技社团，组织学生参加市技能竞赛与各项科技活动。

图3-4-27　发令器

　　在参加无线电测向活动的过程中，一些活动如无线电测向、定向越野等的训练和比赛需要按固定时间间隔分批出发，以往是用电子发令器或人手计时出发来实现。电子发令器存在价格贵、携带不方便、出发间隔时间调整范围有限的缺点。于是我们考虑用App Inventor在手机上实现发令器的功能。手机方便携带，程序可以设置任意的参数，方便训练与比赛使用。

二、作品功能

（1）可设定任意出发间隔时间。

（2）分钟提醒、准备提醒、倒数提醒和出发指令。

（3）整十秒或整分钟出发。

（4）记录已出发批次。

（5）暂停功能。

在开发这个App的过程中，我们与无线电测向教练进行了充分的交流，除了电子发令器原有的功能，还根据实际需求增加了电子发令器不能实现的功能，如记录出发批次、任意出发间隔时间等。

三、软件界面

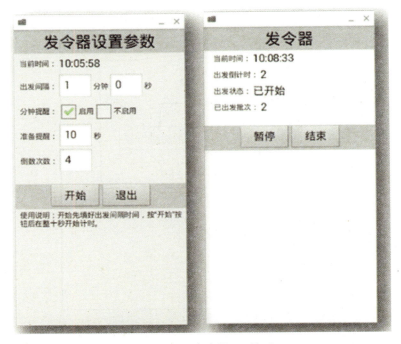

图3-4-28　发令器App界面

四、开发过程

发令器App采用App Inventor进行开发。虽然App Inventor是积木式的编程环境，但解决问题的思路与写代码是基本一致的。核心主要是倒计时和判断起始时间与现在时间的间隔。核心流程图如图3-4-29所示。

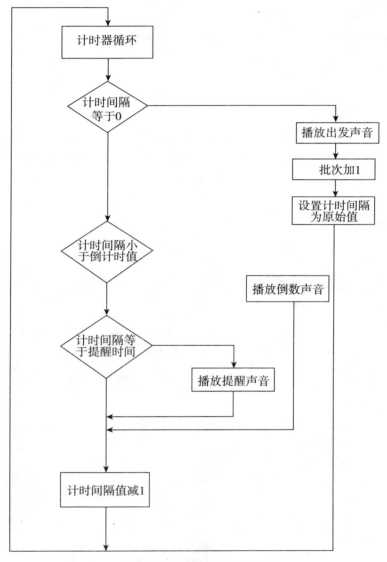

图3-4-29　程序核心流程图

五、核心代码

图3-4-30　核心程序第一部分

在编写的过程中，会发现一些平常没注意的问题。在App Inventor中，虽然直接有计时功能，但不能完全满足要求。例如，直接开启计时器，起始时间未必与实际一秒的开始对应，这样就会出现显示计时与提示声音有差距的问题。我们采用减少计时器计时间隔，获取实际时间秒数值，再用同步变量控制误差时间，使发音与实际时间一致。

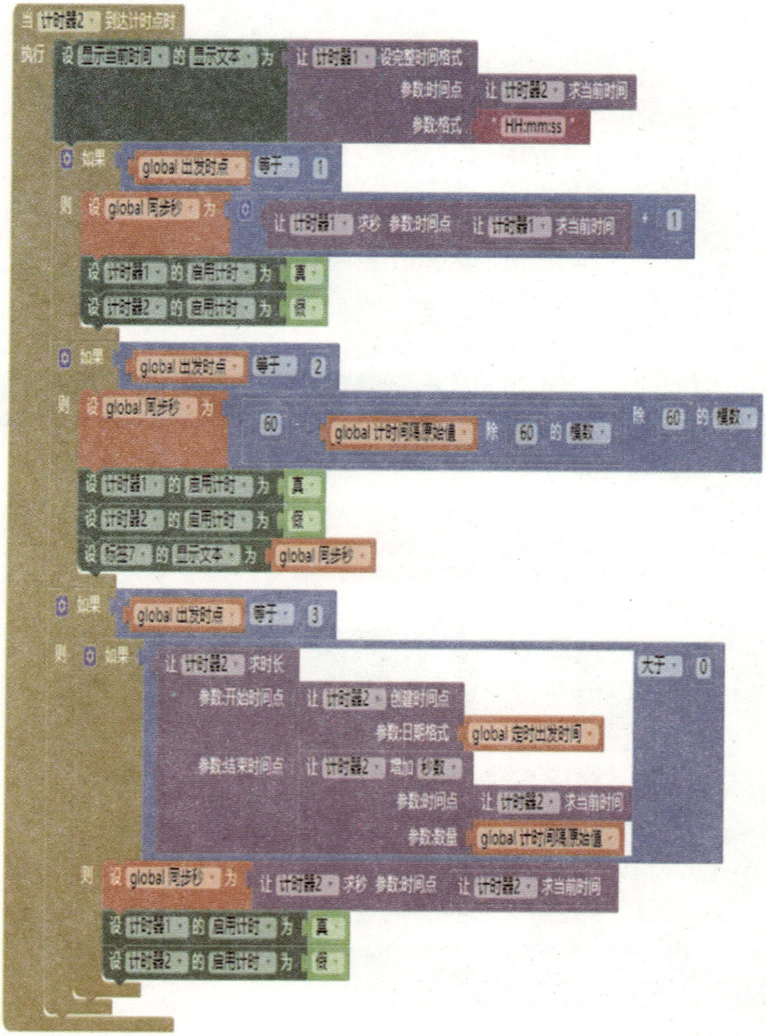

图3-4-31　核心程序第二部分

经过五个大版本修改，根据实际需求进行完善和添加功能，发令器App在无线电测向的日常训练中代替了电子发令器，受到教练员的好评。

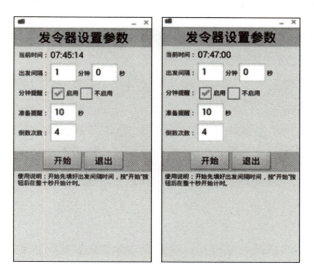

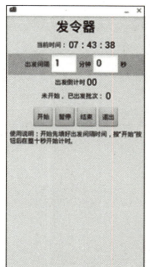 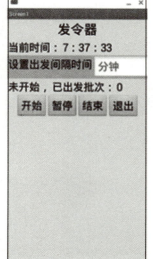 

图3-4-32　程序运行效果

六、存在问题

由于使用App Inventor进行开发，而App Inventor不能申请系统的相应权限，某些品牌的手机会在黑屏之后限制程序的运行，导致计时错误甚至计时停止，暂时未有解决方法。界面设计简陋，不够美观。

七、将来可添加功能

可以用蓝牙或无线网络连接外部不同颜色的LED灯，当倒计时的时候，亮相应颜色的灯，让选手更清楚出发时间。

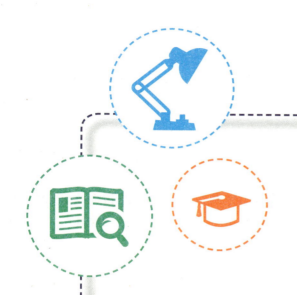

第四章

4

公益小学堂
——漫画篇

第一节 优秀漫画课教学设计范例

范例一：《玩转中国风——图像的拉伸与扭曲》教学设计

一、教学内容分析

本课是广州市信息技术教科书小学第一册"画图"模块中的《图像的拉伸与扭曲》。本课教学内容包括学习图像的拉伸、图像的扭曲。在操作过程中，需要学生自行填写参数决定拉伸或扭曲的程度，有一定的难度。

二、教学对象分析

学生是四年级学生，对唐、宋、元、明、清等朝代有初步的了解，有window7的操作基础，会画图软件的启动、保存及基本工具的使用方法，会对图像的选择、移动、复制等操作，有一定小组合作学习的意识和习惯，对电脑绘画有较高的学习欲望。

三、教学目标

（一）知识与技能

（1）会按实际需求拉伸图像，初步了解拉伸比例与图像变化之间的关系。

（2）会按实际需求扭曲图像，初步了解扭曲角度与图像变化之间的关系。

（二）过程与方法

通过迁移、看书自学、观看微视频、小组共学互教等，发现及掌握图像拉伸与扭曲的操作方法，了解中国各个朝代服饰的特点。

（三）情感态度与价值观

（1）通过孝庄皇后五官设计及各朝历史名人服饰配对等活动，学生养成学用结合、热爱学习的习惯。

（2）了解中国古代服装的特点，能初步分辨唐、宋、元、明、清的服饰，培养学生热爱中国传统文化的感情。

四、教学重点与难点

（一）教学重点

（1）画图中拉伸与扭曲的方法。

（2）能分辨唐、宋、元、明、清的服饰。

（二）教学难点

图像拉伸与扭曲参数的设定。

五、教学策略和方法

本课以"做中学"为指导思想，主要采用任务驱动教学法、范例教学法，在教学中利用阅读"'唐、宋、元、明、清'服饰文化"的PPT引出问题，在回答问题的过程中创设情境，引入新知。本课以"为中国古代名人服饰配对"为活动主线，共设置了四个任务来开展教学：任务一是完成孝庄皇后眼睛、鼻子、嘴巴的组装，学习拉伸与扭曲的基本操作方法；任务二是完成孝庄皇后耳朵的组装，学会拉伸与扭曲参数的设置，解决教学难点，进一步巩固强化新知；任务三是帮孝庄皇后添加衣服、头饰等其他配件，让学生学以致用；任务四是帮杨贵妃（唐）、宋太宗（宋）、成吉思汗（元）、马皇后（明）进行服饰配对，让学生学用结合，初步学会分辨古代各朝代的服饰。学生可以通过任务单自学、观看微视频、互助互学等方法进行学习。为此，本课设计了"创设情境—新知学习—巩固拓展—评价总结"四个环节展开教学。

六、教学媒体选择

多媒体电脑室、教学素材。

七、教学过程

表4-1-1 教学过程

教学环节	教师活动	学生活动	设计意图
创设情境	布置任务：阅读桌面"唐、宋、元、明、清服饰文化"PPT。同伴分享：您喜欢的角色是哪个朝代的？这个朝代的服饰有什么特点？ 1.请学生查看了解唐、宋、元、明、清服饰的资料； 2.引导学生回答问题	观察、聆听。 查看资料，同伴分享； 思考，回答	通过观赏中国古代服饰文化资料引入，激发学习兴趣。 通过提出问题，梳理设计图片的思路，帮助学生搭建解决问题的思路框架
学习新知	布置任务一：打开"任务一.bmp"，完成孝庄皇后眼睛的组装。 1.要求：尝试通过"重新调整大小"功能调整眼睛大小，再通过移动，让眼睛自然贴合到脸部。 2.提示学法：阅读任务单"任务一"，自学、观看微视频、同伴互助。 3.巡视，了解学生情况，个别辅导，集体解疑。 4.梳理总结操作步骤。 5.讲解易错点。 6.完善作品：巡视、答疑，辅导学生	倾听，明确任务要求； 阅读任务单、视频学习。 上机探究、合作学习； 完成眼睛、鼻子、嘴巴； 学生代表操作，讲解示范"重新调整大小"的操作步骤； 与教师进行互动交流； 查漏补缺，完善作品	从完成任务着手，让学生在"做中学"，在完成任务的过程中不断发现问题、解决问题

教学环节	教师活动	学生活动	设计意图
学习新知	布置任务二：实现"孝庄皇后"脸部、耳朵组装。 1.猜一猜：耳朵的组装是用"重新调整大小"还是用"倾斜（角度）"？ 2.提出任务要求： （1）通过"倾斜（角度）"，扭曲耳朵素材到合适角度，再通过"移动"，自然贴合到合适位置； （2）调整绒花倾斜（角度），移动到合适位置，让孝庄皇后更美。 3.学法：阅读任务单"任务二"，自学、观看微视频、同伴互助。 4.巡视，了解学生情况，个别辅导，集体解疑。 5.梳理总结操作步骤。 为什么耳朵的贴合不够自然？ 6.完善作品：注意角度大小与扭曲程度相关，数值（负数）的输入能让扭曲的方向相反（板书） 	倾听，明确任务要求。 思考、猜想； 阅读任务单、观看微视频； 上机实践、合作学习。 学生代表操作，讲解示范"倾斜（角度）"的操作步骤 与教师、小组同伴进行互动交流；查漏补缺，完善作品	通过猜想引发新的认知冲突，明确学习任务 通过问题导向、上机实践、范例演示，让学生感知在"拉伸/扭曲"的对话框中，"扭曲"区域的"水平"和"垂直"框的数值表示将图形扭曲偏转的角度，可以填入89～-89的数值，在使用过程中注意结合"撤销"操作得出理想效果
巩固拓展	布置任务三：打开"任务三.bmp"，帮孝庄皇后添加衣服、头饰等其他配件。 要求： A：给人物配好衣服； A+：给人物佩戴好素材包里的配件； A++：综合运用已学知识，让人物更逼真。 （如：调整服饰大小、位置等）。 	倾听，明确任务要求 上机实践，合作学习，观看微视频 欣赏作品、评价作品	巩固已学知识，并培养学生的知识迁移能力和综合应用能力

续 表

教学环节	教师活动	学生活动	设计意图
巩固拓展	1.巡视，了解学生情况，个别辅导，集体解疑。 2.展示学生作品，点评小结。 布置任务四：根据唐、宋、元、明、清每个朝代的服饰特点，给人物进行服饰配对，可根据情景添加物品、改变人物大小位置等。 要求： A：完成一个人物设计。 A+：完成一个以上人物设计。 A++：有创新，有亮点，能讲述一定的故事情节或设计思路。 1.巡视，了解学生情况，个别辅导，集体解疑。 2.展示学生作品，让学生对绚丽多彩的中国古代服饰发表自己的看法，增强学生对我国古代传统服饰的认识，点评小结	倾听，明确任务要求 观看图片，构思作品 实践创作、合作学习； 欣赏作品、评价作品	拓展任务取材于唐、宋、元、明、清的人物、服饰、配饰等。通过完成任务，学生掌握"重新调整大小与扭曲"的操作技巧，并且了解唐、宋、元、明、清的服饰。 通过作品评价交流，深入了解我国博大精深的文化，爱上中国传统文化的美
评价总结	1.教师根据问卷星调查情况以及任务单填写情况的反馈，对本节课的学习要点、学习情况进行小结。 2.拓展活动：尝试用已学的知识完成一幅具有故事性的中国画，与同组伙伴进行故事分享	完成学习评价调查，梳理本课知识 聆听，明确要求，创造个性的服饰文化图画作品	梳理本课知识，总结整节课的学习情况，感受成功的喜悦，为学有余力的学生开阔学习视野

八、板书

玩转中国风——图像的拉伸与扭曲。

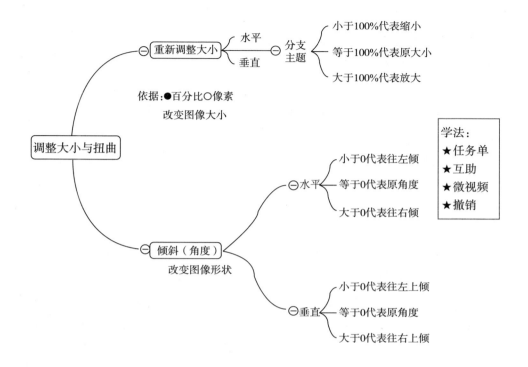

九、问卷星问题

1. 你能利用"重新调整大小"调整素材至适当大小吗?

○能　　○还需要多练习

2. 你能够利用"倾斜(角度)"调整素材至适当角度吗?

○能　　○还需要多练习

3. 你能够独立完成人物五官、衣服的组装吗?

○能　　○还需要多练习

4. 你能够简单分辨唐、宋、元、明、清的服饰吗?

○能　　○还需要多练习

5. 你能够说出我国某一个朝代的服饰特点吗?

○能　　○还需要多练习

十、 课后反思

《玩转中国风——图像的拉伸与扭曲》是广州市信息技术教科书小学第一册第14课《图像的拉伸与扭曲》的教学内容，采用的软件是window7画图。本课以"中国古代名人服饰配搭"活动为主线展开教学，是"技术+人文"的融合学习的尝试，教学采用任务驱动教学法，逐步引导学生掌握相关知识。引导学生自主探究和自主学习，呈现多向互动，本课让信息技术与创设的任务形成了一个具有生命活力的整体，在任务达标过程中加深了对传统文化的认识，培养了爱国情感，促进了自己信息素养的提高。

使用微视频辅助教学的优点有两个：一是缩短了相关知识点的教学时间，示范更规范准确；二是实现了分层教学，学生可以根据自身情况选择观看的时间和节奏，学习能力略有欠缺的学生亦可通过反复观看模仿至学会。

在本课的教学中，笔者主要采用了任务驱动法，反思的关注点放在任务的完成情况与学生对知识的掌握情况上，即观察任务是否成为学生有效进行课堂达标学习的得力助手。课堂任务达标率数据来源为学习任务单、小组评价表，课堂知识与技能达标率数据来源为问卷星在线问卷调查。一共两个班，统计分析情况如下：

（1）"能利用'重新调整大小'调整素材至适当大小"的完成率是95.70%，对应的"会用'重新调整大小'"知识点的了解、理解情况，达标率是100%。

（2）"能够利用'倾斜（角度）'调整素材至适当角度"的完成率是95.70%，对应的"倾斜（角度）"的了解、理解情况，达标率是100%。

（3）"能够独立完成人物五官、衣服的组装"的完成率是96.77%，对应的是"本课所学知识与技能的掌握情况"，达到A标准以上的为94.74%。

（4）"能够简单分辨唐、宋、元、明、清的服饰"的完成率是87.10%，对应的是"学生对'唐、宋、元、明、清'服饰的了解、理解"情况，达标率是88.00%。

（5）"能够说出我国某一个朝代的服饰特点"的完成率为86.02%，对应的是"学生对中国服饰了解、理解"情况，达标率是88.00%。

从统计分析情况来看，本课知识技能方面的掌握情况与任务达标率是基本一致的。有意识围绕课堂教学目标设计的任务能成为达成课堂教学目标的正相关，有效促进了学生的达标学习活动；在任务过程中提供的微视频能成为学生的有效学习支架，对"转差"有良好的效果。

（撰写：劳浩勋）

范例二：《我为国庆送祝福》教学设计

一、教学内容

以"喜迎国庆"为主题，创作一幅绘画作品送给祖国妈妈作为生日礼物。在创作过程中，要综合运用画图软件的各种形状工具，在学习中培养信息素养，增强民族自豪感。

二、教学对象分析

本课的学习者是小学三至六年级的学生，他们对信息技术课程具有很高的学习热情，而且小学生喜欢画画，但是部分学生对画图软件的使用不会或不熟，信息技术课程的教学也是切割地讲授每种工具如何使用，让学生独立融合地利用这些画图工具来完整创作一幅作品有较大的难度。本节课在提供示范画法的基础上让学生去创作，学生能较好地完成作品，在完成过程中也能获得成就感。

三、教学目标

（1）会使用画图软件。
（2）会用画图工具综合性地创作作品。
（3）知道国庆节的由来。

四、教学重点与难点

教学重点：国旗及天安门的画法。
教学难点：天安门的画法。

五、教学策略和方法

本课主要采用任务驱动法和范例教学法，以"我为国庆送祝福"为活动主题，激发学生的学习兴趣。教学时让学生通过微视频进行学习，提高课堂效率，将更多操作的时间留给学生。学生可以通过自主学习、同伴互助、师生互动完成学习任务。

六、教学媒体选择

多媒体电脑室、教学广播软件、课件、微课。

七、教学过程

激趣导入：

提问：10月1日是什么日子？我们的祖国母亲是在哪一年成立的？现在她多少岁了？上次国庆大阅兵还记得吗？你有什么感受？

今天的任务就是：我为国庆送祝福。

图4-1-1　引入主题

1. 画图软件的基本认识

（1）微课学习。

用什么工具进行创作呢？你会用吗？

图4-1-2　认识画图软件

图4-1-3　微课视频学习

（2）画图软件基本知识考一考。

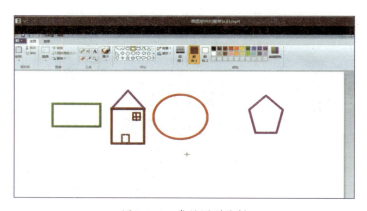

图4-1-4　常见图形绘制

2. 国庆主题绘画作品综合创作

图4-1-5　布置任务

（1）围绕国庆主题，你想到画什么了吗?

图4-1-6　激发联想

（2）请分析：画国旗和天安门需要用到哪些工具。

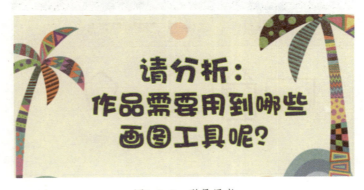

图4-1-7　引导思考

（3）微课学习，示范画图参考。

图4-1-8　微课学习

① 作品提交。

② 作品评价（对作品的优缺点进行点评）。

八、课后反思

本课是画图软件使用的综合课程，而本节课的学生是三至六年级学生，学习基础不同，但学生的学习积极性较高，非常愿意去创作，笔者的课程设计宗旨是留更多时间让学生自己去创作，在设计上由浅入深，先进行画图软件的简单介绍，再进行主题性综合创作，首先对常用工具的使用进行讲解，并且马上进行比一比检测，确保学生能基本掌握画图软件的使用。在此基础上进行综合性的创作，这样学生就有基础了，而且这两个基础到创作的环节都使用微课视频教学，大大提升了课堂效率，能为学生节约更多时间去创作。从学生最后的作品可以看出他们完成得不错，基本达到了预期的教学效果，但也存在一些可以完善的地方。比如，微课的设计可以更丰富，可以设计曲线的使用方法、烟花画法、花朵数目画法等小微课，让学生可以有更多自主选择的资源，那么最终他们在作品的创作上就会更具有个人特色。

（刘裕靖、高艳婷　整理）

范例三：《狐假虎威》教学设计

一、教学目标

知识与技能：了解画图工具中选择框、形状和文字添加工具的使用方法，掌握填充、曲线工具的用法。

过程与方法：在听故事的过程中，掌握画图工具中几种常用的画图编辑工具的使用方法，培养自我学习，学生之间互相交流学习的能力。

情感、态度与价值观：完成四格绘画作品，感受电脑绘画的便捷与魅力，提高审美能力。

二、教学重难点

教学重点：选择框、形状、文字和填充工具的使用方法。
教学难点：曲线工具的绘制方法。

三、教学方法

情境教学法、讲授法。

四、教学过程

导入：

师：同学们是否喜欢听故事？相信同学们小时候都听过《狐假虎威》这个故事。哪位同学来简单讲讲：它讲了一个什么故事？

生：（讲述故事）

师：嗯，这位同学讲得很完整、很生动，表达能力真不错。那么这个故事除了可以用讲的方式表现出来，我们也可以用图画的形式表现出来。图画相对单用口头讲述具有什么优点？

生：有趣，好看，有内容。

师：没错，图画、动画相对单一的语言讲述多了生动、有趣的优点。我们都知道，计算机功能强大，有很多实用的软件，其中就有一款绘图软件可以用来让我们在电脑上画画。老师已把《狐假虎威》这个故事分为四个情节，以四格漫画的形式做了出来，但是还没完成。这节课，我们便一起来一边重温《狐假虎威》这个故事，一边学习这款绘图软件，共同把四格漫画完成！

讲授新课：

（1）师：首先看第一格，画面是狐狸遇到老虎，请同学们注意观察画面，画面上少了什么内容？

生：狐狸和老虎的眼睛。

师：眼睛在素材文件夹里，这时狐狸将要被吃掉了，它的内心应是怎么样的？

生：害怕、恐惧。

师：所以属于狐狸的眼睛是——眼睛1。为了将眼睛装到狐狸脸上，我们可用绘图中的选择框工具。（演示打开画图软件、操作选择框、复制粘贴）

师：这时我们发现拖动过来的眼睛有何不妥？

生：白色也被选了过来。

师：可选透明选择，有错误操作可撤销。下面由同学们来完成老虎的眼睛。

生动手操作练习。

（2）师：我们都知道狐狸有个特点，它是什么？

生：狡猾、聪明。

师：这时狐狸肯定不会乖乖被吃掉，于是它想到了一个方法，决定说给老虎听以骗过它。在漫画中，人物讲话一般有常用的对话框来表示。举例：龙珠、阿衰、海贼王……在第二格图画中，狐狸要跟老虎说："我才是森林之王。"我们可用形状工具中的圆角矩形把对话框画出来，然后输入文字、调整字体。（演示插入形状和文字的方法）下面交由同学们来自行设计对白，把对话内容做出来。

图4-1-9　老虎扑向狐狸

图4-1-10　狐狸与老虎对话

生动手实践操作，交流设计对话内容。

（3）师：老虎听了狐狸的一番话，半信半疑，决定跟着狐狸到处走一走。森林里的其他小动物见到狐狸背后的老虎，自然被吓得四处逃窜。第三格图画中已有了狐狸和老虎，我们要把素材文件夹中的其他小动物用选择框工具拖入其中，要注意调整位置、大小。同时我们也发现画面还有一个不完整的地方，是什么呢？

图4-1-11　老虎开始怀疑自己

生：云朵和太阳没有颜色。

师：可用填充工具给空白处填充上颜色。（演示填充工具的用法）

生动手实践操作。

（4）师：在森林里走完一趟，老虎真的发现动物们都很怕这只小狐狸，不由得低头认错，表示再也不惹狐狸了。这时狐狸必然趾高气扬，于是尾巴就摇了起来。但第四格图画里狐狸并无尾巴，我们可试着用普通的画笔给它画上尾巴，并观察有何异样？

图4-1-12　老虎上当

生：鼠标有些发抖，线条不流畅。

师：可用曲线工具作画，最后上色。（演示曲线工具的用法）

生动手实践画上尾巴。

巩固小结：

至此，故事已全部讲完，本节课也几乎结束了。通过本节课，我们学会了选择框、曲线等工具的使用方法，功能非常便捷、实用。课后同学们可多动手多画画，计算机也可以创作出优秀的画作！

五、教学反思

（1）故事讲得不够吸引人，没有完全调动学生把情绪全部投入故事当中。

（2）学生基础不一，课堂实操练习对于基础好的学生较为简单，完成速度快，而基础一般的学生则要花费稍多的时间来做作业。应设计分级作业，让不同学生根据自身实际情况选择不同完成度的画面完成作业。

（3）课堂总结没有升华，可设疑让学生自由想象最后的结局，然后利用画图工具来设计画面，创作出《新篇狐假虎威》。

（刘裕靖、高艳婷　整理）

范例四：《守株待兔》教学设计

一、教学内容分析

本课是《广州市信息技术教科书》小学第一册画图模块中的教学内容。本课的学习内容是绘画作品的创作的流程方法与技巧，同学们可按照自己的想法绘制出自己的电脑绘画作品。

二、教学对象分析

本课的学习者是小学的学生，他们有Windows的操作基础，会画图软件的启动、关闭方法，会使用铅笔工具、橡皮擦工具、刷子工具、直线工具、曲线工具、矩形与圆角矩形工具、图形的移动、图像的复制及图像的翻转和旋转、图像的拉伸与扭曲，对画图软件有较高的学习欲望，希望学习更多的工具。

三、教学目标

（一）知识与技能

（1）学会绘画作品的创作流程。

（2）学会绘画作品的创作技巧。

（二）过程与方法

通过迁移、看书自学、上机探索小组共学互教，发现及掌握绘画作品的创作流程和方法。

（三）情感态度与价值观

（1）通过绘制的相关图形，养成留心周围事物、认真观察的习惯。

（2）增强热爱生活、发现身边美好事物的良好情感。

四、教学重点和难点

教学重点：绘画作品的创作流程。

教学难点：绘画作品的创作技巧。

五、教学媒体

（1）画图软件。

（2）教学广播软件。

（3）微视频。

（4）教材配套光盘。

六、教学过程

表4-1-2　教学过程

教学环节	教师活动	学生活动	设计意图
导入	看视频，听故事。 实例演示 	学生聆听，学生讨论，观察图片，思考回答问题	创设情境，让学生思考，激发学生学习画图的兴趣，培养学生独立思考的能力，激发学生的想象力，培养学生的动手能力
探究新知	任务一：确定作品的主题 主题：守株待兔 题目：×××××× 确定画面中的内容 任务二：分部绘画 1.绘制渐变色背景 	观察思考，各抒己见。 学生聆听，学习背景的制作技巧	以规范的操作引导学生启动程序的方法。 给学习较慢的学生机会完成任务

教学环节	教师活动	学生活动	设计意图
探究新知	2.绘制草地。 3.绘制小兔子。 4.绘制树。 5.绘制树叶。 任务三：整体组合 利用复制和移动技术，将图形进行组合 	学生绘制草地。 解决问题。 练习曲线工具的使用及使用技巧。 练习多种工具绘制树。 练习曲线工具和颜色填充工具。 整合图形，利用复制粘贴技术	根据生活实际设计任务，加强信息技术与生活的联系，明确要求，开展学习活动

续 表

教学环节	教师活动	学生活动	设计意图
学生练习	1.完善作品。 2.展示优秀作品	学生思考，发挥自己的想象力，学生上机操作，教师巡视指导	创设任务，鼓励创作，培养学生的创造性思维和独立动手操作的能力，归纳小结
巩固拓展	1.布置拓展任务：可以继续创作连环画。 2.学生发言	了解任务要求； 小组合作； 填写评价表； 汇报； 教师点评	通过拓展任务，学生自己上网收集资料，锻炼了学生自主学习的能力，把课堂主角交给学生，教师评价总结
评价总结	本节课主要讲解了画图软件的基本知识，学习了电子绘画作品的制作流程、方法与技巧	谈收获； 自我评价； 思考聆听	培养学生善于总结、反思。进行教学反馈
教学反思	本课主要讲解的是以"守株待兔"为主题，绘制一幅电脑绘画作品，教学效果良好。但也存在问题，就是学生的学习水平参差不齐，对于这些学生难度较大。因此，要分层教学更好，比如背景的绘制，能力好的学生可以绘制渐变效果，能力差的学生填充纯蓝色即可，让学生一步一步地练习，不能操之过急。上课的时间很短，三幅画面没有时间画完，这要课下让学生继续完成		

（李仙玉、高艳婷　整理）

范例五：《中华小达人——小小志愿者》教学设计

一、教学内容

本课的主题为《中华小达人——小小志愿者》，教学内容根据《广州市信息技术教科书》第一册内容拓展延伸。本课的教学目标主要是让学生学会使用文本工具，并能对文字进行编辑和修饰。本课主题活动的设计为学校组织的志愿者活动，通过作品的创作，引导学生追求真善美，从小树立正确的世界观、人生观、价值观。

二、学情分析

本课的重点是学习文本工具的使用，学生在认识键盘时已初步接触过汉字的输入，但在画图中是首次使用文字工具，不但要正确掌握文本工具的使用，还要了解文字在画面中布局的重要性。如果忽视了对学生这方面的教育，会使学生在画面整体感觉上得不到提高。这节课除了使学生学会文本工具的使用方法，还要学会合理地编辑文字，通过举一反三的练习过程，引导学生对画面进行合理的布局。为了使学生更好地掌握运用，并能和生活中的实例相结合，本课通过为图画配文字，结合复制、粘贴等命令组合富有个性的宣传画等练习，初步培养学生的综合排版能力，创作出图文并茂的电脑绘画作品，同时培养学生的想象力和创造力。

三、教学目标

（一）知识与技能

（1）知道文本工具的作用，学会使用文本工具为图画配上合适的文字。

（2）能对画面中输入的文字做编辑、修饰。

（二）过程与方法

（1）通过观察与实践，掌握文本工具的使用方法。

（2）通过宣传画创作，能灵活使用画图软件创作图文并茂的作品。

（三）情感态度价值观

（1）通过图文搭配，提高审美能力。

（2）通过宣传画创作，引导学生追求真善美，从小树立正确的世界观、人生观、价值观。

四、教学重难点

教学重点：学会使用文本工具为自己的图画配上文字。

教学难点：能灵活使用画图软件完成图文并茂的电脑绘画作品。

五、教学准备

计算机、无线网络教室、课件、练习资料。

六、教学过程

表4-1-3　教学过程

主要环节	教学过程	学生活动	教学策略、学习方法说明
一、欣赏	1.揭示课题。 2.欣赏绘画作品，小组讨论画中描述了怎样的场景。 3.比较有文字与没有文字的绘画作品的区别。 4.通过比较，感知文字在画面中所起的作用，了解宣传画的形式与作用	学生欣赏、讨论，了解文字在画面中的作用	通过观察比较，感受文字在画面中的重要性，了解文字工具的作用
素材			
二、试一试	1.观看图片，讨论：为教师添加一句志愿者标题。 2.怎样把文字写在画面上	学生探究自学，找到文本工具并学习其使用方法	探究自学文本工具的使用方法，掌握操作技术的同时，学会学习的方法

续 表

主要环节	教学过程	学生活动	教学策略、学习方法说明
二、试一试	3.了解文本工具栏的作用。 4.比较画面中的文字产生的不同效果，说一说在输入文字时要注意什么。（字体、字号、颜色、位置） 5.把图中描述的场景用简练的文字写在画面上，注意画面效果	交流讨论，感知不同效果的文字对画面的影响	通过直观的图片比较，感知不同文字效果对画面的影响，了解文字布局的一般方法
素材			
三、小小志愿者	1.了解学校志愿者服务队及其服务内容。 2.制作宣传画。 3.小组讨论，展示作品，交流分享	制作个性化作品并配上文字	充分发挥个性特长，制作有特色的作品，感受自由创作带来的乐趣

七、教学反思

本课并不是教学生怎样用电脑画一幅画，而是给制作好的宣传画制作标题，这也就涉及画图软件文本工具的使用。教师运用了对比法让学生自己讨论了有文字的宣传画和无文字的宣传画的区别，通过比较，让学生知道文字在画面中起到的作用——确定主题。这种教学法"通过对比得出主题的作用，从而学习主题"，是一种可以用在音乐、体育课的教学导入方法。本节课的学习内容培养学生叙述宣传语的能力，在我们平时的教学中就应该培养学生这方面的能力。

（杨晓忠、高艳婷　整理）

范例六：《水调歌头古诗配画》教学设计

一、教学内容分析

本节活动课主要包括曲线等绘画工具的基本操作方法，以及画面全局调整的方法，比如放大镜工具可以放大局部、水平滚动条和垂直滚动条的使用等。本节课以"水调歌头古诗配画"作为主线贯穿全课，由于本班的学生学习时刚好临近中秋，因此在主题上采用了与中秋有关的诗词为主题，在情境创设及素材准备上都使用了与诗词相关的元素，这样更加贴近学生的生活实际，激发学生的学习兴趣。

二、教学对象分析

本课的学习者是小学三到六年级的学生，属于混班教学，学生的实际绘画能力会有较大差距。不过，他们对信息技术课程有很高的学习热情。在之前的学习中，部分学生已经能够熟练操作鼠标，掌握画图软件的启动、保存，会使用铅笔、刷子、直线、曲线等简单的绘图工具。本节课的学习和操作主要是提升学生作品创作的能力。

三、教学目标

（一）知识与技能

（1）会熟练使用曲线工具、直线工具等画出人物轮廓、楼阁等物体。

（2）会使用文本工具输入诗词内容或通过复制的方法移动文字。

（3）灵活运用放大镜等工具进行画布的全局掌控。

（二）过程与方法

通过学案自学、上机探索、小组共学互教，灵活使用绘画工具创作作品。

（三）情感、态度与价值观

（1）提升学生绘制图形的兴趣。

（2）增强将信息技术技能运用到日常学习和生活中的意识。

四、教学重难点

教学重点：曲线等绘画工具的使用。

教学难点：精确绘制图形。

五、教学策略

本节课遵循《中小学信息技术课程指导纲要》的要求，以"做中学"为指导思想，教学方法主要采用任务教学法、范例教学法和问题解决的教学方法，在教学中利用情境范例引出问题，在问题解决过程中完成任务，学习新知。本课以"水调歌头古诗配画"为活动主线，共设置了三个层次的任务来开展教学：第一，基础任务"画人物"，熟练掌握曲线工具的基本操作方法；第二，提高任务"画背景"，综合使用绘画工具进行创作，进一步巩固强化新知；第三，综合任务是引导学生输入文字，并对作品进行完善和修改。在活动中，学生可以通过学案自学、上机实践、小组互助互学、问教师等方法进行学习。本课设计了"情境引入—自我探究—知识拓展—总结提升"四个环节来展开教学。

六、教学媒体选择

多媒体教学系统、教学课件、板书、学生素材、学案。

七、教学过程

表4-1-4 教学过程

教学环节	教师活动	学生活动	设计意图
情境引入（5分钟）	情境导入：引导学生谈谈自己是如何过中秋节的，会有些什么活动。 展示诗词动画，引导学生观察作品 	学生交流。观察作品，发现问题，提出解决办法	创设学生感兴趣的学习情境，引导学生观察发现问题，激发学生解决问题、动手实践的学习欲望

教学环节	教师活动	学生活动	设计意图
情境引入 （5分钟）	提问：如果让你用一幅画来展示诗词，你会画些什么呢？（月亮、人物、背景、诗词……） 引入课题：这节课我们一起走进《水调歌头》，绘制图画。 【板书】《水调歌头古诗配画》作品创作		
新知学习 （17分钟）	（一）曲线工具的使用 1.任务一：画人物。 布置任务：尝试用曲线工具画出人物。 要求：在尝试的过程中，思考你是如何使用曲线工具的。 学习建议：①阅读学习资料。 ②小组合作。 ③画错及时撤销。 2.巡视、观察、个别指导，引导学生自主探索和小组开展互助。 3.点评错误范例（或学生课堂生成范例），引导学生观察，解决难点，自然过渡到任务二。 5.小结问题，注意全局掌控，人物比例要合理。 6.巡视、观察、个别指导，引导学生自主探索和小组开展互助	聆听任务要求及学习方法。 观察图片，发现问题	运用范例教学法，通过不同任务的范例对比和展示，引导学生层层递进完成教学任务

教学环节	教师活动	学生活动	设计意图
新知学习 （17分钟）	（二）背景的画法 1.展示学生作品。 2.提示学生，除了人物，我们还需要添加背景。 4.引导学生继续完成练习，教师巡视指导，小组互助共学。 （三）输入文字 通过微课学习两种方式：一种是通过文本工具输入文字；另一种是通过复制的方法复制文字	思考问题，继续完成任务	
知识拓展	1.播放视频动画，引导学生理解诗词的背景和含义。 2.展示优秀作品	观察范例作品，回答问题，进行思考	
总结提升	1.归纳总结本课所学内容。 2.引导学生了解画图工具在生活中的应用，提升审美能力	梳理本课知识	

八、教学反思

《水调歌头》作为一首中秋咏月兼怀亲人的抒情之作，是中秋词中最著名的一首，向来脍炙人口。本次信息技术活动课，通过电脑绘画手段，描绘诗词的景象，如月亮、诗人、江水等，让学生在绘画过程中感受诗词的意境。在教学中，让学生"明其意，懂其理，绘其情"，描绘出自己的理解和体验。

图4-1-13　学生认真练习

（1）在90分钟的课堂探索过程中，大部分学生都能根据教师的讲解，学习辅助材料以及微课进行自主探索，完成任务。个别学生能够灵活运用曲线绘画人物。

（2）由于学生大部分是三年级学生，没有绘画软件使用基础，因此很多学生是零起点教学，大部分学生仅能完成任务的绘制，无法进行背景及文字的输入。

图4-1-14　学生作品

（3）这次活动课，学生显然对自己探索更感兴趣，对于理解性知识和诗词背后的含义不太有兴趣。在播放诗词动画时，学生们并不感兴趣。

（张文翠、高艳婷　整理）

第二节　优秀电脑绘画作品赏析

作品集之一：学堂主题创意活动

1. 伟大的奇迹——长城

图4-2-1　学生作品——长城

作者：广州市番禺区市桥中心小学　严艺楠

2. 走遍世界

图4-2-2　学生作品——走遍世界

作者：广州市番禺区市桥中心小学　邱若喻

3. 快乐课堂

图4-2-3　学生作品——快乐课堂

作者：广州市番禺区市桥中心小学　熊倩语

4. 美味番禺

图4-2-4　学生作品——美味番禺

作者：广州市番禺区市桥中心小学　易沐霖

5. 快乐新年

图4-2-5　学生作品——快乐新年

作者：广州市番禺区市桥中心小学　张宸琛

6. 20世纪的梦想，新时代的幸福

图4-2-6　学生作品——20世纪的梦想，新时代的幸福

作者：广州市先烈中小学　赵唯铱

7. 智能鞋子油污处理机

图4-2-7　学生作品——智能鞋子油污处理机

作者：中国教育科学研究院荔湾实验学校　张颢菲

8. 对校园欺凌说"不"

图4-2-8　学生作品——对校园欺凌说"不"

作者：中国教育科学研究院荔湾实验学校　黄意琦

9. 矿产资源勘探采集机

图4-2-9　学生作品——矿产资源勘探采集机

作者：中国教育科学研究院荔湾实验学校　樊宇阳

10. 人体自动修复器

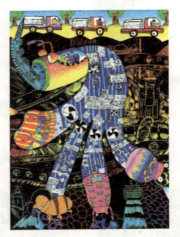

图4-2-10　学生作品——人体自动修复器

作者：中国教育科学研究院荔湾实验学校　陈思琦

11. 神舟N号

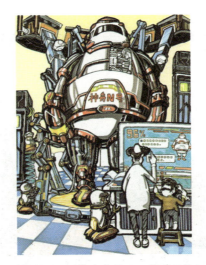

图4-2-11　学生作品——神舟N号

作者：中国教育科学研究院荔湾实验学校　王珏

12. 未来海底世界

图4-2-12　学生作品——未来海底世界

作者：中国教育科学研究院荔湾实验学校　何秀妍

（刘裕靖、高艳婷　整理）

作品集之二：我身边的传统文化

1. 陈家祠

图4-2-13　学生作品——陈家祠

作者：黄子晴

2. 唱响粤剧

图4-2-14　学生作品——唱响粤剧

作者：张颂雯

3. 我们的端午节

图4-2-15　学生作品——我们的端午节

作者：冯欣蔚

4. 我身边的传统文化：舞龙

图4-2-16　学生作品——我身边的传统文化：舞龙

作者：罗悦彤

5. 百舸争流

图4-2-17　学生作品——百舸争流

作者：陈礼轩

6. 在我们身边的经典传统

图4-2-18　学生作品——在我们身边的经典传统

作者：李雨桐

7. 欢度春节：舞龙

图4-2-19 学生作品——欢度春节：舞龙

作者：江旻铮

8. 醒狮闹新春

图4-2-20 学生作品——醒狮闹新春

作者：陈韦如

9. 吉祥团年饭

图4-2-21　学生作品——吉祥团年饭

作者：刘芷君

10. 八和会馆

图4-2-22　学生作品——八和会馆

作者：鲁曤铭

11. 刘海砍樵

图4-2-23　学生作品——刘海砍樵

作者：毕嘉瑶

12.家乡的传统文化烧禾楼

图4-2-24　学生作品——家乡的传统文化烧禾楼

作者：黄振宏

13. 快乐的小醒狮

图4-2-25 学生作品——快乐的小醒狮

作者：陈企派

14. 万水千山"粽"是情

图4-2-26 学生作品——万水千山"粽"是情

作者：欧阳宇轩

15. 团圆饭

图4-2-27 学生作品——团圆饭

作者：蓝梓祺

16.粤剧：红棉

图4-2-28 学生作品——粤剧：红棉

作者：邓誉昕

17. 快乐的新年

图4-2-29　学生作品——快乐的新年

作者：冯梓晴

18. 我身边的传统文化戏剧

图4-2-30　学生作品——我身边的传统文化戏剧

作者：杨梓萁

19. 闹新春

图4-2-31　学生作品——闹新春

作者：张雅雯

20. 粤卯兔赛龙舟

鼓声三下红旗开
两龙跃出浮水来
樟影斛波飞万剑
鼓声劈浪鸣千雷

图4-2-32　学生作品——粤卯兔赛龙舟

作者：蔡佰利

21. 我身边的传统文化之广东粤剧

图4-2-33　学生作品——我身边的传统文化之广东粤剧

作者：李月璇

22. 喜气洋洋的春节

图4-2-34　学生作品——喜气洋洋的春节

作者：吴文静

参 考 文 献

［1］中华人民共和国教育部.普通高中信息技术课程标准（2017年版2020年修订）［M］.北京：人民教育出版社，2020.

［2］中华人民共和国教育部.普通高中通用技术课程标准（2017年版2020年修订）［M］.北京：人民教育出版社，2020.

［3］祝智庭，单俊豪，闫寒冰.面向人工智能创客教育的国际考察和发展策略［J］.开放教育研究，2019（1）.

［4］文云全.创造力开发"OCPE"体系架构及实施策略——以发明创造课程开发为例［J］.现代中小学教育，2018（8）.

［5］张砾炜.开展青少年科技创新教育活动的实践与思考［J］.甘肃教育，2015（18）.

［6］张峰峰，张论.通用技术教学中学生创新实践能力的培养［J］.中国校外教育，2014（8）.

［7］蔡日增.创新原理与方法［M］.北京：高等教育出版社，2001.

［8］黄河明.加强物理实验教学·培养学生创新能力［J］.中学生数理化（教与学），2012（3）.

［9］罗彩玲，陈彩霞.在数学教学中从六个方面培养学生的创新能力［J］.山西广播电视大学学报，2012（1）.

［10］孙岩松.课堂教学中如何渗透创新教育［J］.现代阅读（教育版），2010（21）.

［11］杨毅.案例教学法在教学中的应用［J］.云南教育，2001（19）.

［12］陆宏英.案例教学法的实际操作论［J］.池州师专学报，2002（4）.

［13］郭如平.案例教学法浅析［J］.嘉兴学院学报，2002（14）.

［14］金妙翠.案例教学法的研究与实践［J］.职教论坛，2002（6）.

［15］周愉晴.对案例教学法的尝试与思考［J］.河北广播电视大学学报，2002（3）.

［16］吴安平，等.案例教学法研究与实践［J］.长春大学学报，2002（5）.

［17］郭英，戴艳，游永恒.学校心理学［M］.成都：四川科学技术出版社，1999.

［18］袁达人.普通高中通用技术教学设计［M］.广州：广东科技出版社，2006.

［19］教育部基础教育司.普通高中新课程研修手册［M］.广州：高等教育出版社，2004.

［20］技术标准研制组.普通高中技术课程标准（实验）［M］.武汉：湖北教育出版社，2004.

［21］邵瑞珍.教育心理学［M］.杭州：浙江教育出版社，1998.

致　谢

　　《公益小学堂的行与思——新思维下的技术教育实践》是基于公益技术小学堂近三年实践经验成果的著作。我国中小学技术教育主要包括劳动技术、信息技术、通用技术三门学科，回顾技术学科的发展历史，可以看到，技术教育从无到有，渐渐发展，从过去单纯知识技能的学习过渡到思维、意识、知识、能力全面发展。在小学和初中，劳动技术和信息技术同时开设；在高中，信息技术和通用技术同时开设。几门技术学科分界明显，不同技术学科之间缺乏融合，小学、初中、高中技术学科之间也缺乏衔接。新思维的技术教育"新"在打破学科界限，将劳动技术、信息技术、通用技术三门技术学科相融合，培养学生崇尚劳动的意识，提高学生的信息素养和技术素养，让成为技术迷的学生牵手在成长之路上，快乐奔放，迈向成功。

　　在本书的提炼过程中，感谢参与公益小学堂的陆阳老师（广州市少年宫）、蔡明业老师（广州市第三中学）、宋伟舜老师（广州市第八十二中学）、陈波璇老师（番禺区德兴小学）、张楚泽老师（白云区鹤边镇泰小学）、胡蓉老师（越秀区云山小学）、刘裕靖老师（广州市八一希望学校）、黄婷老师（增城区宁西街镇泰学校），感谢广州市劳浩勋名教师工作室的练德老师（越秀区惠福西路小学）、李伟健老师（越秀区东风东路小学）、陈诗静老师（越秀区桂花岗小学）、陈思兴老师（越秀区云山小学）、赖杨志老师（越秀区中星小学）、杨晓忠老师（越秀区东山实验小学）、张凌华老师（天河区车陂小学）、黄燕燕老师（天河区天府路小学）、谢秀玲老师（番禺区市桥中心小学）、贺丹老师（花都区骏威小学）、李毓嘉老师（荔湾区中科创实验学校）、杨伟杰老师（荔湾区华侨小学）、伍启欣老师（荔湾区环市西路小学）、李仙玉老师（荔湾区西关培正小学）、李英杰老师（荔湾区西关培正小学）、张文翠老师（花都区秀全街和悦小学），感谢广州市少年宫、广州市第一中学、广州市八一希望学校的大力支持与配合。在此一并表示谢意！

后　记

　　在《公益小学堂的行与思——新思维下的技术教育实践》付梓之际，亦是我们长舒快意之时，胸腔翻滚着热情，脑际展望着希望，肩上背负着责任。自2018年起，小博士工作室与广东STEAM教育联盟、广州市劳浩勋名教师工作室合作打造公益技术小学堂。在两年多的时间里，我们结合全国教育信息技术研究2018年专项课题（课题批准号：184430008）、越秀区教育科学规划课题2018年度课题（课题批准号：越科类〔2018〕54号）、越秀区科技计划项目（编号：2018-JY-004）"基于STEM理念的智能桌面实验盒中小学学区课程开发应用研究"、广州市教育研究课题"融合中华传统文化的小学电脑绘画课程资源开发与应用研究"，围绕"放飞科技梦　智慧创未来"的主题，开办的公益小学堂持续开展了多期多元主题系列活动。

　　第一，2018—2019年，开展基于创意编程体验课，让学生们通过编程进行交互设计，运用创客和STEM理念，结合科学、技术、工程、数学等多学科内容，让学生自行创作，培养学生解决问题、设计和推理等技能，以及团队协作的能力。第二，漫游二十四节气，感受时节之美，通过学习二十四节气，观察大自然的奇妙变化，感受时间的中国智慧。第三，虚拟与现实互动体验活动，学习和体验VR、AR、MR的原理与区别，并且亲身体验VR消防体验——火海逃生以及身临其境地体验科学的魅力。第四，穿越时空的桥梁，从古桥九孔桥到斜拉桥，再到现代桥梁的历史，认识桥梁的结构，感悟桥梁与人们生活的密切联系。暑假期间开展了为期10天的人工智能"编学编玩"实验活动和"趣味科学"体验活动。人工智能"编学编玩"实验活动通过图形化编程，结合各式各样的传感器、控制器，发挥学生们的创意，创作了很多有趣的简易人工智能作品，如道闸控制器、趣味抢答器、智能投票箱、测距仪等创意十足的作品。"趣味科学"体验活动针对低年级的学生，以培养兴趣为目的，通过七彩音阶、趣味变色盘、自制指南针等科学体验，开启了学生们的科学探索智力。2020年，更新开辟了融合中华文化的漫画课，让学生们利用画图软件体验中华传统文化。学生们一个个化身为诗词配画的艺术家、为寓言故事添漫画的小漫画家、为古人穿衣戴帽的小小时装设计师。

公益技术小学堂自开设以来，不断地尝试、探索，不断延伸课程内容的深度和宽度，充分挖掘学生的潜力，实现学生的个性化发展。在成书之际，根据统计，劳浩勋老师撰写了7万字，高艳婷老师撰写了5万字，凌星星老师撰写了3万字。结合学生的生活和学习环境，实际设计问题，让学生在活动过程中掌握应用信息技术解决问题的思想和方法，鼓励学生将所学的信息技术积极地应用到生产、生活乃至信息技术革新等各项实践活动中去，在实践中创新，在创新中实践。公益小学堂的所有公益活动均通过少年宫、豆丁科普匣公众号招募学员，全年共开展了72场活动，累计参加人次超过2000人。每次活动结束后，我们马上在公众号上推出活动回顾，累计发送科普推文60余篇。教书育人，任重道远，为学生们搭建一个校外的实践平台，发掘公益技术小学堂的真正内涵更是任重道远。

时序更迭，亘古不朽。我们希冀广州市少年宫、广东STEAM教育联盟、广州市劳浩勋名教师工作室联合创立的这一创新公益活动平台能让稚子体验新科技，成为动手实现自己的创意梦想的地方，打造成学生的科普公益实践基地。《公益小学堂的行与思——新思维下的技术教育实践》就是在耕耘不辍的沃土上开辟出来的一片希望的小田野，也许它会让稚子的巧手生出智慧，让技术迷牵手在成长之路上，快乐奔放，迈向成功。

劳浩勋　高艳婷　凌星星

写于2021年2月26日